讓人生更順利的生命靈數

農陽曆密碼

×

主命數合盤解析
任何人都能掌握自己的命運

── 全新增修版 ──

紫衣格格
著

高寶書版集團

推薦序

中華民國資訊軟體協會新興業務處 處長　金仁

　　我曾在人力銀行任職，讓我有機會接觸到其他領域的人才，求職平台設立宗旨不僅是幫企業找人才，我們同時也為求職者提供多種職能評量工具資源，其皆是為了幫助使用者了解自己自身優勢，也透過學職涯的結合，提供多項參考指標以幫助選擇適性相符的工作。由此可知選擇無非是一件重要的事情，如何做出對的選擇則會事半功倍！

　　「命是天給的，但運是自己的。」雖然每個人都有屬於自己的天賦，那是天生的我們並不能選擇，但後天的努力可以改變，了解自己的優勢與劣勢，讓自己無論是在生活上還是職場上，都擁有比別人高、且好的競爭力，使自己成為無可取代的存在。

我認同生命裡每一件事的到來都帶有其美意,在築夢的人生過程裡,不僅要做對的事,更要做對選擇。我們會面臨各項選擇環節,而此書是一本能幫助你更了解自己的工具書,無論你是否處於徬徨階段,亦或是面臨轉折的十字路而不知道該如何選擇方向時,不妨翻閱此書參考,給自己一個機會重新認識,明白自己的天賦特質,進而善用自己的優勢去創造新的生命價值。也許是再平凡不過的一段人生經歷,因有了不同的選擇,於是有了新的可能,你的人生故事就這麼被「翻轉改寫」了也說不定,共勉我們的每一個選擇都可以引領自己更接近夢想。

新版序

我時常跟學生們溝通一個觀念:「我們都是麻瓜」。

工具,是上天給的,所以,每一種工具一定都是準確的,只是運用工具的人如何傳遞正確的訊息,如何教給其它麻瓜讓大家都能快速上手、都能人手一工具解惑不用愁。

第一版《讓人生更順利的生命靈數》我將它定位成工具書,主要目的是想讓大家學會計算與瞭解什麼是生命數字,所以用淺顯易懂的模式讓普羅大眾都能信手捻來這個好玩有趣又能媒合性格的工具,因此書裡對每一組數字的分析都是用「希望別人能更瞭解這個數字個性的方式」闡述。

這次新版的《讓人生更順利的生命靈數》賦予每一個數字相對應的人格讓大家方便對照,經過時間洗鍊,我希望別人能從瞭解轉而與自己對話、尋找方向,在經歷了三年的疫情之

後,我們希望透過這本新版的《讓人生更順利的生命靈數》真的能讓自己的人生過的順利又快樂,並且善用工具更瞭解自己,明白自己今生的天賦與任務,安心的前進,然後將這樣正向又快樂的能量散播給身邊的人。

我認為命是天給的沒辦法算,但運是自己的。如果說人生是一個彩球箱,我們的每一個正向的、善的念頭是一顆色彩繽紛的彩球,每一個負面的、壞的念頭是一個烏漆墨黑的黑球。那麼,你希望你的人生彩球箱裡充滿著什麼顏色的球呢?當我們做選擇,需要從人生彩球箱裡摸球時,每一次伸手你覺得自己會摸到什麼顏色?一定是彩色的吧?那麼,你更需要這本書。

不管你想要怎麼利用這本書,紫衣格格都想告訴你,生命靈數和坊間許多的工具一樣都是在幫助你更了解自己、更了解別人,然後在人際關係、工作甚至戀愛上都能更順利、如魚得水。我們每個人都有一個最好的朋友,就是自己。我們最清楚自己想要的是什麼、內心現在對這件事的看法是什麼、現在這一刻我們的感受是什麼,只是我們往往會隱藏我們認為不太好的想法,只想展現周遭旁人都會喜歡的想法。然而,人生很

短,不用急著去討好別人,先愛自己吧!

　　這本書,寫了三年、改了四版,其間經歷我 21 歲的愛貓去當小天使,牠的離開也是我們做的心痛選擇。但正因為如此,讓我更加明白寫這本書的責任所在。相信我在書裡灌注的力量,你一定能感受到。

　　最後,謝謝這些年一直在等待我的你們,因為你們從不放棄的執著等待讓我這本書能在三年後順利生出來,謝謝這一路幫助我的你們,你們溫柔卻堅定的力量在我需要協助的時候一直都在。

推薦序	003
新版序	005
使用說明	010

Part 1　生命靈數基礎篇

自己的數字算算看	016
什麼是先天數、後天數、主命數？	017
主命數人格定義	021
如何分辨先天數、後天數、主命數	022
生命靈數也分農陽曆？	025
數字特性	030

Part 2　你是幾號人？

認識你的主命數	030
主命數 1 10/1、19/10/1、28/10/1、37/10/1、46/10/10	032
主命數 2 20/2、11/2、29/11/2、38/11/2、47/11/2	049

主命數 **3**   065
30/3、12/3、21/3、39/12/3、48/12/3、21/3

主命數 **4**   081
40/4、13/4、22/4、31/4、04/4

主命數 **5**   095
05/5、14/5、23/5、32/5、41/5

主命數 **6**   111
06/6、15/6、24/6、33/6、42/6

主命數 **7**   126
07/7、16/7、25/7、34/7、43/7

主命數 **8**   142
8/8、17/8、26/8、35/8、44/8

主命數 **9**   157
09/9、18/9、27/9、36/9、45/9

主命數 **0** 的意涵   173

Part 3　性格速診與合盤

性格速診   176

誰跟我最合拍   179

2025 年度運勢   184

使用說明

　　人的身體是由 79 個器官、37 兆個細胞組合而來，就像生命數字一樣，從出生年月日的 8 個數字（先天數），相加後會有一組雙位數（後天數），再相加到最後的個位數（主命數），這整組都是你這個人，你的生命數字也都有其含意，所以理解在不同位置的生命數字有什麼意義便對解答人生劇本和任務尤其重要。

　　先天數：看看自己從前世帶了什麼技能和工具來到現世。

　　後天數：這一世要完成的任務、該做的功課究竟有沒有工具可以用還是要重頭學習，大破大立。

　　主命數：主要決定命運的數字，開啟人生秘密、天賦，解決此生問題的鑰匙。至於怎麼分辨這把鑰匙是原本就帶在身上還是需要透過人生的學習才會得到呢？

答案就在你的先天數（出生年月日）裡，最簡單的判斷方式就是你的主命數的數字是先天數就有的，那麼，恭喜你，這一世，你已握有鑰匙。

如果，你的主命數是先天數所沒有的數字，那麼，也恭喜你，你的人生將會多采多姿擁有許多學習的機會和經驗。

舉例：小明生日 19810301 主命數是 5（1＋9＋8＋1＋0＋3＋0＋1＝23，2＋3＝5）

因此小明今世的主能力值、解決問題的鑰匙是主命數 5，但他的出生年月日並沒有 5 這個數字，所以這把鑰匙就要靠他努力透過生活中的一切學習而來。

人生就是一連串的選擇，即便上天已經把我們此生的劇本透過出生年月日一併帶來了，但是，因為我們是活著的、有想法的，所以每一天每一刻的選擇都微調了劇本不同的發展、方向、結果。

你選擇了這本書，就表示你想改變自己的人生、想要更瞭

解自己的劇本長相。

你選擇了這本書，就表示希望找到方法離開現在卡住的一切。

你選擇了這本書，就表示想要讓自己成為一個充滿快樂感恩幸福的人。

所以，不要再抱怨也不要再貪戀，只要明白你的一切其實都掌握在自己手裡，好好壞壞就別再挑剔和抱怨，與其盲目忿忿的過日子，不如找到方法讓自己快點轉念，讓自己成為能正向運轉的那個人，與此同時會發現卡住的事正在慢慢改善、那些不好的人事物也逐漸在遠離，能讓自己人生過的更好的，只有你自己。

Part 1

生命靈數基礎篇

很多人可能會問什麼是生命靈數？它能夠為我解答些什麼？我又能從自己的生命靈數裡看到些什麼？可以改變些什麼？

生命靈數就像西洋版的紫微斗數，利用我們與生俱來的生日就能看出一個人的性格、特質、遇到事情時心裡的想法、做法、合適的工作甚至此生的功課等等。

生命靈數是依循希臘數學家兼哲學家畢達哥拉斯的數字學演化而來。到了現代，各家各派對於生命靈數都有許多不同的說法和看法，但是大致上基本的計算邏輯相同，都是把我們的西洋出生年月日的數字一個個相加，一直加到個位數。

簡單而言生命靈數就像我們人生下來就有的五官、四肢、臟器、血管一樣，我們是因為這些組合成為人；而生命靈數是我們生下來就有的，它代表的就是我們自己。當我們愈瞭解生命靈數的奧祕就愈能理解為什麼自己總是在同樣的感情狀態下跌倒、為什麼總是對某些事情那麼容易擔心受怕、為什麼常能心想事成、為什麼在面對選擇時就是無法做出決定，因為許多的行為模式、感情狀態、工作成就都和我們天生的這些數字有關，所以接下來，紫衣格格會教大家怎麼樣計算自己的生命靈數以及這些數字組合的詳細分析。

自己的數字算算看

現在試著算出自己陽曆和農曆的生命靈數吧！

將西元出生年月日相加後會得出一組數字，請再將雙位數加總直到得出個位數為止。

在一開始的算式中請習慣把 0 放進去，因為 0 本身的存在是有意義的，同時，也是為了方便一開始不熟悉時算式不會亂掉，算出的最終數字一定是落在 1～9。

舉例：
娜美的陽曆生日是 1997.07.22，算法即是：
1+9+9+7+0+7+2+2=37
3+7=10 ➡ 因為仍然是雙位數，所以要再加一次
1+0=1 ➡ 娜美陽曆是生命靈數（主命數）1 的人

因為娜美陽曆生命靈數（主命數）是 1，先天數（19970722）也有 1，因此娜美這一世已握有天賦能力及解決問題的鑰匙。

娜美的農曆生日是 1997.06.18，算法即是：
1+9+9+7+0+6+1+8=41

4+1=5 ⇨ 娜美農曆是生命靈數（主命數）5 的人。

因為娜美農曆的生命靈數（主命數）是5，但她先天數（19970618）裡沒有5，因此娜美這一世在面對與處理感情問題、做事的執行力、行動力的能力需要從生活中學習與獲得。

一般坊間所謂「幾號人」指的就是最後算出來的主命數，並是以陽曆數字為主。

什麼是先天數、後天數、主命數？

學會計算自己的生命靈數是最基礎的第一步。接下來紫衣格格要告訴你生命靈數中各個不同來源及組合的數字分別代表的意義，這些不同組合的數字在我們的生命中又有什麼樣的影響呢？

先天數：西元出生年月日的 8 個數字

先天數可以看看自己從前世帶了什麼技能和工具來到現

世,這是我們生下來就擁有的能力,像說話、聽聲音、聞香味一樣。先天數是由 8 個數字組合而成,這 8 個數字代表著我們與生俱來的能力,也表示這是我們曾經學習過的、有經驗的。所以,我們也可以說,一生中遇到和這 8 個數字有關的事時,我們通常會比較有能力解決,而沒有出現的數字就是我們必須學習的事。所以,是不是常覺得自己會遇到很多莫名其妙的事?那也難怪,畢竟我們擅長的也就是那些數字,還有許多是我們沒體驗過的呢!

後天數:先天數加起來的雙位數

這是這一世要完成的任務、該做的功課。有些後天數的數字並不一定在先天就有,例如:1974.01.18 出生的人數字相加後是 31,也就是後天數是 31,但是 31 這個數字裡的 3 卻是先天數沒有,只存在於後天數的。表示他會在人生裡,有機會學習到關於數字 3 的經驗,並且轉化為未來解決問題的能力之一。

主命數：後天數相加後得到的個位數字

開啟人生秘密、天賦，解決此生問題的鑰匙。就拿上面提到後天數裡的 31 來說好了，他的主命數就是 3 ＋ 1 ＝ 4，也就是 4。主命數可能是解決先天數及後天數問題的鑰匙，或是需要學習的人生課題。這是很重要的數字，與一個人的性格及未來有很大的關聯，也占了他生命靈數的一大部分。

通常，在談論生命靈數的人都會說到自己是幾號人或數字幾的人，指的就是主命數喔！

主命數人格定義

【主命數 1】獨倡者：獨立、有想法、先入為主

【主命數 2】合作者：合作、好配合、母性的愛

【主命數 3】傳遞者：話多、愛做夢、聲音好聽

【主命數 4】組織者：顧家、有計劃、不愛改變

【主命數 5】內觀者：內心、有人緣、選擇障礙

【主命數 6】療癒者：療癒、求完美、責任感重

【主命數 7】學者：智慧、愛學習、喜愛旅遊

【主命數 8】富有者：金錢、重謀略、權力遊戲

【主命數 9】天選者：天命、有靈力、心想事成

如何分辨先天數、後天數、主命數

我們已經知道怎麼計算自己的生命靈數，也知道什麼是先天數、後天數、主命數了。那麼，怎麼把這些湊起來變成一組完整的生命靈數盤呢？

接下來我們來看看目前最夯的台灣科技新貴黃仁勳的生命靈數盤是什麼模樣，他的先天數、後天數和主命數又分別是哪些數字？

接下來我們用目前全球最夯 AI 教父黃仁勳來示範如何書寫及計算生命數字的先天數、後天數、主命數：

黃仁勳的出生年月日是 1963.02.17
19630217=1+9+6+3+0+2+1+7=29
2+9=11
1+1=2
所以黃仁勳的生命靈數是 29/11/2
其中 29/11 是後天數，最後的 2 則是主命數，書寫的方式如下：

先天數	1963	02	17	**天生有的能力**
後天數			29	**此生要學習的**
			11	
主命數			2	

前面提過，先天數就是我們天生擁有的能力，就好比水電工腰間的工具袋裡插著的無數工具一樣，先天數的數字都是解決我們人生課題的重要工具，因此從黃仁勳的先天數裡可以看到他是一個很有想法的人（2個數字1）而且想法有時很跳tone（數字3）令人摸不著頭緒，同時非常有責任感並要求完美（數字6）追求知識的獲得（數字7）同時有著上天給予心想事成的正向能力（數字9）。

接著看他為了解決人生課題還有哪些不同工具的後天數，抑或是有著新任務等著他學習？

黃仁勳的後天數是二層樓的29/11這組數字，表示他在做事、思考時一般會先徵詢別人的想法意見並且善於在適當的時候往後退一步（數字2），同時他也擁有支持著自己的想法與

信念（數字9），而在該做決定的時候絕對乾淨俐落（兩個數字1）。

至於他最重要的鑰匙主命數則是數字2，由於數字2是有著陰柔情懷的數字，因此他其實是個內心很柔軟而且不很愛出鋒頭的人，倘若有一個能擋在他前面負責出鋒頭的人，他絕對會躲在這個人背後默默地做事並用實力支持對方，一如他受訪時曾說過「如果重返30歲，他絕不會創立輝達」，因為數字2本來就不是專長於開拓者的數字，不過，也正因為他整包的生命靈數中有不少屬於開拓者特質的數字1，或許也就是這樣，一步一步地引領著他走進創業的世界裡。

生命靈數也分農陽曆？

　　人有男女的分別，生命靈數自然也有農陽曆的不同，同樣的一個數字放在農曆及陽曆的解釋方式就完全不一樣。既然現在大家都知道怎麼計算生命靈數，接著來看看農陽曆生命靈數各自代表的意義，隨後再教大家怎麼計算農曆的生命靈數。

陽曆

　　如果拿日夜來比喻，陽曆的生命數字就像是白天或太陽，屬於外顯的形象，假設把身體從腰部切一半分成上下半身來看，陽曆的生命數字就是由管理我們身體一切機能的腦袋來主宰，所以總括來說，陽曆的生命數字所代表的就是我們的工作、思考模式、邏輯能力、面對事情的想法與會做出的選擇。

農曆

　　有別於陽曆生命數字的白天與太陽，農曆的生命數字就像夜晚與月亮，含蓄內斂又感性，就像月亮有著陰晴圓缺象徵著我們內心時常的變化，若把身體從腰部切一半分成上下半身的

話,農曆的生命數字就是屬於下半身,掌管著感情與行動力。

如果我們要了解這個人對工作的態度、想法或是遇到事情的時候對方是用什麼樣的邏輯思考事情,就要看陽曆的出生年月日所加總出來的生命靈數;如果我們想知道一個人對待感情的態度、執行計畫的行動力、家庭觀、感情觀等,就要看這個人農曆的出生年月日所加總出來的生命靈數。

前面提到黃仁勳的陽曆生命數字是 1963.02.17,透過農陽曆轉換我們得知他的農曆生日是 1963.01.24

因此他農曆生命數字的先天數、後天數、主命數書寫為計算如下:

1+9+6+3+0+1+2+4=26
2+6=8

先天數	1963	01	24	**天生有的能力**
後天數			26	**此生要學習的**
主命數			8	

從農曆生命數字的先天數來看，他是一個重視家庭觀並且在工作時非常勤懇認真（數字 4）的人，不過，生活裡還是需要有趣的因子或興趣支持，而且有時會出奇不意的帶給別人驚喜或做出一些在別人眼裡違反常規的事（數字 3）對他來說任何事一旦決定做了就要堅持（數字 1），並且要負責任的完成工作（數字 6）還要懂得適時的與人為善（數字 2）。

從後天數來看，合作（數字 2）與責任、要求細節（數字 6）都是他本身就具有的面向，而最重要的主命數則是前面先天數與後天數都沒有的數字 8，意味著這是他的功課，如果完成了就是人生的另一把鑰匙，因此，他並不是一個慣老闆，反而在以往的過程中學習如何掌權（我們說了他陽曆的主命數是 2，其實不是一個愛掌權出鋒頭的人）、如何當一個老闆、如何賺錢、如何走出不同以往的模式。

而他代表陽曆（想法、工作）的生命數字是二層樓，代表農曆（行動、情感）的生命靈數是一層樓，就表示他是心思縝密，凡事會先仔細想過（二層樓）而一旦決定執行就乾淨俐落（一層樓）的人。

後天數的特殊組合說明

整數

如果算出來的後天數的尾數是 0，那我們就會稱為整數。例如：10/1、20/2、30/3、40/4⋯⋯以此類推。數字 0 的結合通常會讓原始的數字能量更強大，或更加彰顯該數字的特性。同時，我們可以把整數看成一個加強數字，因為生命靈數的 0 有包含原點、加強的意思，所以不少後天數是整數的人常會覺得自己的人生經歷特別與眾不同。

卓越數

後天數有二個數字相同者就是卓越數，例如：11、22、33、44⋯⋯

卓越數的人是屬於被賦予任務者，生命靈數是我們天生帶來的密碼，這些密碼會影響我們情感、思想、行為模式等。所以，我們每一個人都有各自的功課。而擁有卓越數的人，在真正明白自己為何而來之前，常

會在人生經驗中會經歷些比較大的考驗。有些人是在感情、有些人是在親情、甚或有些人是在金錢……這些都是考驗，等卓越數的人明白了自己的人生目標以及自身責任後，這些考驗就會轉化成助力，協助他們成功。

一層與雙層數字組合
通常在生命靈數中有一層的數字是一般版。例如：11/2 就是一層，而 29/11/2 這組數字是二層的樓中樓，也就是所謂的進化版。進化版的人本來就比一般版更需要多付出些努力或是精神，這很容易理解。就像你的房子如果有兩層樓，要爬上二樓總是比較費力點，是吧？不過，有多少付出就有多少收穫，這一點還是挺公平的。

數字特性

提供先天數及後天數各數字的特性對照。

數字1：開始、獨立、自我、力量、主觀的

數字2：配合、細心、不安全感、焦慮、顧全大局

數字3：幻想、天真、說話太快或心口不一、孩子氣、變化大又快

數字4：有邏輯、按部就班、組織力、有責任感、家庭/事業兼顧

數字5：選擇障礙、有正義感、喜歡戶外、內在修行、業務能力強、人際關係好

數字6：療癒、時尚、全然付出、完美主義、分享、細節要求、責任感

數字7：知識（學習）、考古學、情緒化、鐵齒、愛旅行

數字8：察言觀色、豪門之家、金錢慾、好勝心、主動積極

數字9：直覺、歸屬感、社交能力強、愛睡覺、白日夢、心想事成、捨己為人

數字0：請參考 P173

Part 2

你是幾號人？
認識你的主命數

當大家都學會計算自己的生命數字也明白了先天數、後天數與主命數等數字組合後，就要開始進入個別數字的基礎意義了。

　　我們都知道不同數字所代表的性格特性肯定不同，但大家知道嗎？就算主命數相同，數字的組成不同意義也會很不一樣，例如：25/7 和 16/7 的人對於同樣一件事的想法、看法、做法就天差地別，這就有點像星座一樣，都是牡羊座的人或許性格上都容易火爆、衝動、有正義感，但是再細分時因為每一個人的上昇、土星、金星等所在位置不同，面對感情、工作、思考事情的模式就會很不一樣。

　　在這一個章節可以參考屬於你自己的主命數基礎性格（以陽曆為主），再來每一個主命數還會拆解不同組合、農陽曆也有不同意涵。想要看主性格，就找該組合的陽曆主命數、想要參考關於感情與行動的依據，就看該組合的農曆主命數。這樣能更精準判斷我們的優勢與找到突破盲點的方法。

主命數 1

獨倡者：獨立、有想法、先入為主

有齣日劇〈孤獨的美食家〉用來形容主命數 1 的人再合適也不過，當然，這位美食家並不孤獨，他其實很享受一個人的自在，主命數 1 的人就是這樣獨立，他們很重視隱私……

數字 1 的人是獨立而享受孤單的，他們很重視隱私並且關注自己喜歡的事情。獨處對數字 1 的人來說是快樂且享受的，他們算是善於和自己相處的一群人，也很珍惜屬於自己一個人的時光。數字 1 的人可以一個人運動、看電影、吃飯、逛街以及獨立工作，能夠擁有屬於自己的空間不被打擾是他們喜好的生活方式之一。

數字 1 的人有自己的穿衣哲學也很有自己的風格，不一定需要花大把錢買名牌，即使路邊攤經過他們巧手的搭配也能襯得很有型。他們的穿衣哲學會反應在工作上，簡單、俐落不帶有多餘的裝飾。尤其不少數字 1 的人是具有領導統御能力的管理者，除非在工作上有特別的要求，否則即使是女性也多以褲

裝為主。

數字 1 的人管理方式往往獨樹一格，不按牌理出牌，很有自己的想法和策略。不過，他們也容易以主觀的角度判斷事情而造成一些傷害。格格曾經有一位主命數 1 的個案，當時就是因為他被下屬認為是暴政、獨裁，導致團隊群起杯葛他。但這個人做事很認真又非常以身作則，所以他一直不明白到底問題出在哪？

這就是在工作上數字 1 的人要小心的地方，他們認真、努力、同時很要求自己具備專業技能，但容易只看結果或是在過程中有太多事被自己主觀的好惡影響判斷，若再加上他們不那麼擅於與人互動的個性，就很容易造成不必要的誤會和傷害。他們不愛向別人解釋為什麼要做這些事或是決定、想法，因為對他們來說這是對自己負責的事，不需向別人特別說明。

在感情上也是喔！由於數字 1 的人外貌協會的占比很高，再加上他們有點主觀意識，很容易在第一次見面就打槍對方。要追求數字 1 的人是需要一些察言觀色的技能以及運氣，倘若在第一次見面就無法投其所好的話，格格只能說……辛苦了！

請再加油囉！

最後，對於 2000 年後生，主命數 1 的人，由於你們許多人的出生年月日（先天數）裡沒有 1，因此對於絕大多數人來說，這個數字的能量與影響是陌生的，所以如果你的心一直以來都很想翻轉什麼、改變什麼或感覺自己正被某種狀態禁錮、想突破自己……都很正常，因為這是主命數 1 的特質在作祟，你必需靠後天習得的力量去調整、接納、理解，雖然過程會很辛苦，但我相信只要你貫徹了主命數 1 的力量，最後的結果應該都能讓自己感到滿意。

性格特性

- 獨立
- 事業上非常成功的專業人士
- 喜歡肯學習、上進的人
- 有點自大或專制
- 白手起家從無到有
- 具強烈領導特質
- 挺享受孤獨感

- 獨樹一格有自己的模樣
- 感情上的大男人主義
- 偏食（特別喜歡吃哪一類的食物也算喔！）
- 很有自己的想法
- 主觀
- 遇到困境時會幫自己打氣

感情態度

- 霸道的愛情，對數字1的人來說⋯⋯你是他的，他還是他自己的
- 無法抑止的碎唸
- 成熟與幼稚的合體。他們沒有分裂人格，只是內心的孩子被自己關太久了，能看的到數字1孩子個性那一面的人，恭喜你，他是真心的把自己交給你
- 工作時，別吵他們，他們喜歡公私分明
- 表面上看起來滿不在乎其實心裡挺脆弱
- 喜歡長髮的女生，或是身材勻稱的男生
- 莫名的沒安全感，通常數字1的人雖然喜歡掌控但不至於樣樣管，可是當他想掌握你的一切時（包括通訊軟體的內

容、行蹤）表示，他愛你很多
- 值得依靠的人，但不要背叛他，否則他會頭也不回的離開

主命數 ① 各種組合

10/1、19/10/1、28/10/1、37/10/1、46/10/1
陽曆：看工作、思考邏輯、思想模式
農曆：看感情態度、行為模式、行動力／執行力

10/1 從無到有，堅忍不拔的獨倡者

習慣凡事自己來，不愛求人也不喜歡看人臉色，你的想法、做法總是獨樹一格，甚至有時必需閃過別人懷疑的眼光，因此，你需要很強大的內在力量支持自己，只有真正的相信自己，才能打從內心湧出無限大的能量。

陽曆

愈是單純的數字組合其實內藏的涵意愈深層。

10/1 的人在想事情或是做決定的時候，都是很單純的思考他所在乎或擔心的事。簡單來說，他們沒什麼使壞的心眼，即使有時候你覺得他們有些自私，但其實那也只是他單純的從「利己」的角度做事而已。只是，或許在不知不覺中傷害了別人而不自知。

不少 10/1 的人很固執，格格就曾經遇過主命數陽曆在 10/1，然後又是土象星座的人，那個固執的狀態──「噴噴噴噴！」只能用以上四聲來形容啊。

然而，他們真的不能改變嗎？倒也不是，只是對他們而言第一眼或是第一次的感覺很重要。比方說，你跟一個 10/1 的人第一次簽約，而且是一個不小的合作案，結果因為你前一晚沒睡好而在會議中呵欠頻頻，就會讓他們覺得你似乎不是那麼重視這個會議與簽約。恰巧他們手上又握有決定權時，你就不一定拿得到這次的合約了。

或許，有些人會說這樣很先入為主，可能吧！但重點是他們不這麼覺得。所以，如果你在職場上會遇到這些人，別忘了，他們並不是針對你，只是可能你給他們第一眼的印象，不是那麼合他們的眼緣而已。

農曆

外貌協會的會長非他們莫屬，只不過他們鍾愛高挑、長髮或身型結實的外表，不能太瘦也不要太胖比例合宜。他們對於身材的要求比臉蛋要來得多一些，或許是因為他們覺得臉蛋是可以微整的，但身材一旦走樣是很難第一時間救回來的吧！

跟 10/1 的人談戀愛請記得一件事，他在意的事也請你多

少要表示你的在意。他討厭的人你不需要跟著討厭，但是當他提到這個人的時候，你也多少要表示你的不高興。總之，要跟他站在一起，一個鼻孔出氣。否則，他會覺得自己是孤軍奮戰沒有盟友。

如果他認定你，那麼你就是他的，你的一切他都概括承受。他會執著於對你好與信任，所以，請不要欺騙或背叛他，否則會覆水難收。同時他們也很難拒絕另一半的要求，但也請不要把他們當提款機使用，因為他們只是愛你但不是傻瓜，太過頭的話是會被甩到外太空的喲！

19/10/1　以善念為出發點，一心一意的獨倡者

你是個懷抱慈悲心的人，一旦找到努力的目標就奮不顧身地往前走，即便前路荊棘也無法阻攔你，通常，會先經歷失敗，在這個階段裡只要沒屈服沒被打敗就是走向成功。你的一心一意通常都能感動上天，以主命數1認為凡事操之在己的超級大麻瓜而言，你頗被上天疼愛，因此，只要忠於信念，信念也將回饋於你。

陽曆

有自己的想法且非常有自信的人，如果以企業主來說，此

人較合適獨資不適合合夥,而且適合從事需要具備高度專業能力的工作,如律師、醫師、專業研究、會計師等等。

他們也屬於開創的先鋒,尤其是對於需要智慧啟發或者與靈性相關的事業。由於 19/10/1 的人太過自信有時候甚至聽不進別人的建議,所以花了不少時間去體驗失敗,所幸這樣的人不是那麼容易被打倒的,在歷經不成功後反而造就了他的成功。

農曆

具有絕對行動力與執行力,把重要的事交給他絕對不需要擔心,如果他沒有能託付的人,他就會自己親自完成。是一個一旦確立目標就勇往直前的人。

在感情上十分獨立,但是其實內心很想依賴也很容易受傷,外表看起來非常堅強,標準嘴硬心軟的人,這樣的人害怕被他人看穿他的軟弱,因此常常用不在乎、無所謂的態度或言語,讓旁人或另一半覺得他們是不需要別人也能生活的。其實不然,他們是需要被關心的,但是要關心 19/10/1 在農曆的人不要用太直接的方式,最好是不知不覺,例如:我自己做了一個便當,因為菜做太多了,想說不要浪費,於是也幫你帶了一個。諸如此類的方式才能讓對方接受你的好意喔!

28/10/1　講求合作，整合能力強的獨倡者

儘管個人戰力十足，你卻很明白凡事若能整合成功，可以創造的成就將遠遠超越一個人的單打獨鬥，因此，只要能夠團隊共好，你願意將個人的企圖心暫時放下，當然，最後出鋒頭的那個人必需是你，也只能是你。

陽曆

願意與人合作但也想能握有實權掌控情況；會釋出善意，但千萬不要以為他們是好欺負的人，因為 28/10/1 的人通常都擁有某些程度的人脈資源，但他們若遇到不知好歹或當他們是「盤子」的人時，就會反擊到對方毫無退路的地步。

28/10/1 的人是很好的出資者，只要他們覺得你的想法夠獨特或是對於事業有很高的自我要求，那麼他們就可能投資你。不過，他們不會是只投錢而已喔！最好的方式就是你也投些資金（不用太多），然後要定時讓他們知道目前的進度和未來的方向，也就是說他們是屬於想要參與經營的出資者。

農曆

「膽大心細」這四個字用來形容 28/10/1 在農曆的人是再適合不過的了。如果你身邊有這樣的人，不妨觀察一下他們是

否總能適時解決難題，不僅能說服對方又不傷感情。這類的人是商場上很厲害的談判高手，而且非常有行動力，很適合幕僚的工作。

情感上 28/10/1 的人挺懂得如何拿捏分寸，應對進退也十分得體，旁人看來他們體貼細心又獨立。其實這些都沒錯，只不過他們會想隨時知道另一半在做什麼、現在人在哪裡跟哪些人在一起……這些行為就容易讓另一半覺得他們隨時在監控自己，感覺很不自由。其實 28/10/1 的人有某部分的不安全感，再加上他們的主命數是 1 的關係。所以，要當他們的情人請先有心理準備，他們的關心就純粹只是不希望自己在狀況外而已，沒有別的用意。

37/10/1 善於說服，情緒隱藏能力極強的獨倡者

看似風趣幽默善於表達，其實言談間數種應對的策略已在你心裡跑過千萬遍，你明白凡事必需笑著說、輕鬆說，所以即便內心的壓力再大，外人也看不出來，你也是知識的追求者，越冷門，越有興趣也愈能激發你走出非常規路數的潛力。

陽曆

說到創造發明，就非 37/10/1 的人莫屬。這組數字在陽曆的人頭腦靈活又有創意，即使天馬行空亂想一通，都能讓他們想出個名堂來，再加上他們非常喜歡吸收知識，喜歡學習。因此，只要他們融會貫通後就會發展出一套屬於自己的理論。

這類的人把許多想法建立在知識之上，願意分享、給予，所以也是很棒的夢想導師，用他自己的方式傳遞知識給需要的人。

當 37/10/1 的人在狀況很好的時候是充滿著正能量的，透過他們的喜好或工作會投射出很棒的療癒效果。例如：藝術、音樂、戲劇等，讓人光看或聽就覺得被安慰或被了解。

農曆

如果你的想法與他們不同，37/10/1 的人會分析利弊得失，並且以專業為主軸與你溝通他們的想法。由於他們也是很棒的演說家，很會把夢說大、說真，時常有人就這樣被 37/10/1 的人說服了。

他們也很願意傳承和教學，甚至覺得自己有「必須教會你」的責任。然而，他們用的方式卻不見得是很傳統的模式。許多 37/10/1 的人無論在工作的表現上或是在傳遞新知的方式

上都很獨樹一格,簡單來說有點像「麻辣鮮師」的味道。

37/10/1 的人對感情的態度是「請維持風趣幽默,或是像一開始那樣學識淵博」。要讓他們覺得有趣,或能從你身上不停的學到新東西。如此一來,他們對你的愛就能持續保鮮,否則⋯⋯他們有點容易分心(欸⋯⋯是分心不是花心喔!)當然啦!一旦分心久了就很難再回頭囉!

所以,請保持你的新鮮有趣,或是能讓他感受到你有滿滿學不完的知識吧!

46/10/1　重視程序,追求事事到位的獨倡者

順序不能亂,方向不能錯,嚴以律己但不一定寬以待人,在意階級重視效率,喜歡在常規下殺出新的路,所以不愛掌握不來的狀況,需要有框架的設定才有安全感,臨場發揮的效果不如預先準備的好,凡事都要先擬好計劃並在腦海中重複執行好幾遍,是個穩重又感覺可以託付重任的人。

陽曆

膽大心細,忠誠一致。不少 46/10/1 的人在職涯的幾十年中都只在同一家公司服務,就算有更動也不會太頻繁,原因就

在於他們有很強的忠誠度。通常會讓 46/10/1 的人萌生離職的念頭，是因為他們覺得自己在這家公司已經不受重視，或已沒有能貢獻的技能了。否則，大部分的他們都會選擇在一家公司做到退休為止。

他們很適合擔任能夠獨立完成的工作，最好這個工作還需要很細膩的心思，那他們做起來就會非常上手。

另外，他們也都非常戀家。可能的話，會選擇離家不會太遠的工作地點，以方便就近照顧家裡。工作也是會選擇體制較大的公司甚至當個公務員。

農曆

在家裡，他們擔任著嘴硬心軟的老爸或老媽一職，扳著的那張臉後頭其實藏著心疼。在情人的眼中，他們肯定不好溝通，又喜歡用一大堆道理說服對方，可是心地卻十分柔軟善良。他們對許多事都有自己的堅持，如果 46/10/1 的人是藝術創作者，那他們的創作可能會比較老派，但帶著柔軟的線條，讓人一看就認得出來。

想要與他們溝通，最好的方式就是打動他內心在乎的那一面，柔軟且不輕易讓人發現的那面。所以，你需要花點時間與他們相處，剝洋蔥般一點一點地探究他們內心真正的想法。

喔，忘了告訴你，他們挺在乎禮節的。所以，記得禮貌要周到喔！

主命數①實例分享

天天是一家廣告公司的業務主管，最近想自己出來開公司。想問是獨資比較合適，還是可以與別人合夥？

▶**天天的生日是 1975/05/10**
陽曆：1975/05/10，相加後陽曆生命靈數是 28/10/1
農曆：1975/03/29，相加後農曆生命靈數是 36/9

從天天的陽曆生命靈數來看，他本身就可以獨立工作，也很有自己的想法及做法（數字 1）。同時業務能力非常好，貴人運也強（數字 5）。如果我們光看天天陽曆的先天數，會認為他很合適一個人獨資。但再看到他的後天數和主命數時，就會發現天天的 28/10/1 是與人合作有財（數字 2 和 8），希望有權可又不是那麼喜歡出鋒頭。所以，只要讓他在工作上有一定的決定權或可以獨立工作就好。再加上他自己就是出資者，更不會有人管他要怎麼工作，或是什麼工

作形式。因此我建議天天，如果有不錯的合夥人倒是可以與人合資，這樣他就不用煩惱瑣事，可以專心衝業績拓展公司格局。

天天的農曆生命靈數 36/9，這是一個在人際關係的應對進退上，非常有天分的數字。同時這組數字也代表天天是個做人處事很圓滑的人，對外讓人感到他的無限活力，及對事情總是保持高度的好奇心（3）；對內是心思非常細膩、有責任感（6）。而他的主命數 9，則是只要有夢想就會努力往前衝，擅長網路工作或行銷。所以，天天本來替別人工作就已經非常努力了，如果換成是為自己工作，一定會更加倍的往前衝。若能搭配天天的流年，就可以幫天天看什麼時候出來獨立自己開公司會是最好時機。

主命數 2

合作者：合作、好配合、母性的愛

數字 2 的人是很暖心也很窩心的一群人，原則上他們是溫和不具攻擊性的（在你沒把他惹毛之前）。在家中他們絕對少數服從多數；在學校則是常幫著收尾大家沒做完的事，而且人緣不錯；在公司善於和不同單位聯繫互動，維持良好關係又不與人爭鬥的人，或許有人覺得他們不夠上進，或是明明有能力為什麼不為自己爭一席之地？數字 2 與數字 1 的人不同，不一定要透過被眾人看到才能證明自己，也不是一定要爬到某個位階才表示有成就。他們寧願當軍師，也不要當將軍，是把老二哲學發揮的很淋漓盡致的一個數字。

然而，數字 2 的人有某種程度的選擇性困難，原因在於他們容易在「要或不要」、「好或不好」之間猶豫不決。數字 2 的人有顆善良又細膩的心，所以常常會很替別人著想，然後最終變成委屈自己配合別人。最常見的案例就是，公司裡那個事情總是做不完，桌上老是滿滿的文件，但其實裡面有一半都是別人工作的人。所以，數字 2 的人要開心就得學會一個心法，

這個心法就是勇敢說「不」。對於不喜歡的、不想要的……都要勇敢表達自己的立場和想法！

不過,也別看數字 2 的人好像很容易犧牲自己照亮別人,要是讓他們發起狠來,也不是省油的燈。吵架他們或許會輸但是比冷戰……可就不同了！所以常常有情人或夫妻覺得對方平常總是很順從配合,怎麼會因為吵了一架,就可以好幾天不互動不講話？

是的！這就是數字 2 的人。所以,千萬別輕忽他們的情緒喔！

性格特性

- 眼睛會放電
- 忘性比記性好
- 慢熟
- 老二哲學不喜歡出鋒頭
- 會為了顧全大局而配合或妥協
- 容易受感動,特別悲天憫人
- 溫柔的感情

- 有點龜毛
- 生命中容易出現合夥、合作的機會
- 寬容
- 對於神祕學或是神祕的事情特別有興趣
- 遇到選擇時，容易停下來花時間分析思考

感情態度

- 不是沒有想法只是很願意配合
- 總是把人照顧得上了天
- 把另一半看的比自己還重要
- 不喜歡做選擇，所以別老是問吃什麼，他會想很久
- 心軟、耳根子也軟，別人說了，就信了。即使受了傷還是在自己的圈圈裡打轉，把旁人急個半死
- 看到另一半出軌會躲起來自己一個人難過，然後假裝若無其事
- 自信心不足，常擔心被嫌棄，容易鑽牛角尖
- 是個願意付出一切的溫柔情人
- 默默守候

主命數 ② 各種組合

20/2、11/2、29/11/2、38/11/2、47/11/2

陽曆：看工作、思考邏輯、思想模式
農曆：看感情態度、行為模式、行動力／執行力

20/2　貫徹自我意志，養份內化的合作者

就像大多數的母親有著某種強烈的自我意志，雖然不愛出鋒頭，但卻是隱藏版的大英雄、背後的大功臣，整合力極強，明白後退即是前進，擅於聯結彼此創造全新價值，過程的好與壞，都能成為你的養份，看似柔弱，其實強韌。

陽曆

想得更細、想得更深，反覆推敲不停演練。

如果身邊有主命數在 20/2 的人，不妨仔細想想，這個人是不是在執行一個新計畫，或是做一件他覺得很重要的工作時，有以上的症頭出現？他們常常想得很多、很廣、也很久。這是因為整數 0 的關係，2 這個數字的行為模式因此被加重，

所以他們常讓人覺得陷入沉思，但又一直無法下決定。有時候，對於 20/2 的人來說，要痛過或是正逐漸失去的時候，才會加快他們省思，做出決定的速度。

農曆

小心翼翼，一步一步進行的實現家。也是連結人與人之間，或是人與事之間很棒的連結者。如果你身邊有這個數字組合的朋友，仔細觀察一下，他是不是有不錯的協調能力，或是不少的人脈資源。但要特別說的是，他們並不會主動把這些資源拿出來使用，你必須是他認定的自己人或是在乎的人。否則，他們不會任意拿自己經營多年的成績冒險。

另外，在情感上他們是比較依賴的。對方並不一定要時常在他身邊，事事都要對方處理，而是在情感的信任層面上有著一定的要求。在感情的相互依存中他們也比較有黏著度，身為他們的另一半，你可以有自己的空間、時間，但是請讓他知道你人在哪裡或是和誰在一起。因為這組數字的人比較沒有安全感，只要你能做到讓他感到安心，那麼他們其實是很貼心且不煩人的另一半喔！

11/2 校長兼撞鐘，凡事不假手他人的合作者

習慣凡事靠自己，對人對事都有自己的堅持與要求，標準統一沒有模糊地帶，個人能力強，即使單打獨鬥都不成問題，只是你明白 1+1 大於 2 的道理，擅於強強聯手創造雙贏的局面。

陽曆

剛才聊了整數的 2，現在來個卓越數的 2。11/2 的人在事業上的成就，取決於他有多麼想要成功，以及他付出了多少的努力。一個只想成功，但是沒有付出足夠努力的 11/2，會覺得距離自己成功的目標老差了臨門一腳。然而，那並不是上天跟他開玩笑，而是他還有努力的空間。或許他覺得自己做的已經夠多了，但直到他發現原來還有待努力的空間之前，11/2 的人會在成功的邊緣不斷打轉。

另外，因為卓越數是同一數字雙重強度，就像小時候被老師打一下會痛兩倍的感覺。所以，他們要學習如何看淡磨練帶來的沮喪情緒，如何讓自己能省時省力達成目標；如何適當的調整自己的個性、態度又不失自我本性。卓越數的確有難度，但人生禮物也會更豐沛。

農曆

在農曆的 11/2 是準備好就往前衝的人（呃……我承認，有些沒準備好的也是就這樣衝出去了！）但大部分的 11/2 會一一的把許多事情都確認完成後，才放手一博，也就是所謂的膽大心細。他們擅長獨立工作，不少祕書或是獨立工作者就是 11/2 的人，他們可以快速整合資訊完成主管或業主交辦的工作，但有些 11/2 一旦歷經失敗，會需要好一陣子才能再重新出發。他們的內心比較脆弱，但不容易被他人發現。

而 11/2 的人在感情上不黏則已，一黏驚人。大部分的時候，他們會覺得每一個人都應該有屬於自己的空間。但是，總有那麼一段時間他們會大黏特黏，覺得另一半應該要常常在自己身邊。嚴格來說……其實沒什麼標準答案，因為他們想黏的時候就是要黏在一起啊！那他們不想的時候呢？請另一半去忙自己的事吧！

29/11/2 同時啟動多項任務，燃燒自己照亮別人的合作者

你有著非凡人的鋼鐵意志，身兼數職也不嫌累，總覺得自己有必需完成的使命，任務的交辦對你來說就是使命必達，塑造的形象很像悲劇英雄。

> 人生看似多波折,其實是因為需要經過自我價值肯定、摧毀、建設然後重生的過程才會更完整,所以你的鋼鐵意志其來有自。

陽曆

忙碌的數字組合。屬於雙層數字的 29/11/2,在工作中需要比別人更努力學習如何面對挫敗,如何讓自己能不重工少多工,怎麼樣能夠更省時省力的完成工作。

如何說不重工或少多工呢?這組數字的人老是把自己往死裡忙,一次進行好幾件事,就拿家庭主婦李太太來舉例吧!

李太太是 29/11/2 的人,每天在家她總是喜歡同步進行很多事,在洗衣服的時候一邊掃地,同時爐子上可能還燒著開水,因為覺得這樣時間的利用效能最好。但是,其實把事情一件件慢慢做也能完成,更不會讓自己感覺那麼忙碌。

29/11/2 的人有時候就是喜歡享受那種忙碌感,但一不小心讓自己太多工了,每天轉不停,最後會忙到體力無法負荷。所以,請學習一次完成一件事吧!把一件事做好後再開始下一件。

農曆

明明一次只能專心一件事,卻總是忙得團團轉。看著碗裡想碗外,吃了飯還想著麵,這就是他們。其實他們心裡很清楚,老是把自己拆開的結果,就是沒有一件事在時間內完成,就算及時完成也總有遺漏的地方。事實上,他們的能力很好,執行力也很強,只要多給自己一點喘氣的空間,別讓自己老是多頭馬車的往不同方向跑,讓自己太過疲累。情感上也是,29/11/2 的人很容易淪為工具人,付出不嫌多只怕不夠,努力為了對方隨叫隨到,用工具人的角色滿足自己在感情中的不可或缺。其實,他們內心的不安全感需要另一半幫忙補強。因此,如果你是 29/11/2 的另一半,請你多關心他的內心,他們有時候悶悶的,不見得會把話說出來。

38/11/2 坐而言同時起而行的合作者

就像美國總統大選募款餐會的主辦人一樣,除了動口還事必躬親,因為你喜歡掌控的感覺,即便不出鋒頭、不一定要掛名或成為鎂光燈的焦點,但掌握進度、擁有決策權才是你享受的過程,而且,你的臉皮薄,不想由你主導或牽線的事最後落漆掛上敗績,當然,如果是配合別人你也會願意拿出誠意和實際行動,前題是要讓你感受

> 被尊重，所以，若有人把你當成什麼都不在乎的人還把好處都佔盡的話，你也是會放生對方的。

陽曆

鬼點子很多而且很會察顏觀色的聰明人，不過因為太自負，往往會在同樣的地方跌跤。這類型的人要學會傾聽，不然你會一直在跌倒的地方輪迴。重點是，旁人都知道要怎麼樣走出這個死胡同，偏偏就只有他們自己不知道。通常很不聽別人建議的38/11/2，就是要痛到忽然某一天好像懂了，從那天開始他們的一切就開始順利進行了。

農曆

看起來配合度很高、好互動且無害，事實上他們很希望能對他們在乎的事擁有支配權或掌握權。他們很會說話，表達能力很好。尤其在遇到他在乎的事情時，會說出帶有威嚴感、甚至有時會讓人感到威脅的意見。在職場中，38/11/2的人也是讓人常常摸不著頭緒的數字，不少主管的主命數就是這個！

還有，他們往往對於想得到的事物不會一下子就直搗黃龍，他們會循序漸進，有時候甚至會繞點遠路。當別人還在計畫時，他們就已經取得優勢，得到想要的結果了。

38/11/2 的人在感情上並不好懂,但那是別人對他們的感覺,其實他們自己覺得自己是很好懂也很簡單的人。呃……關於這樣的差異我只能說……就是每個人想的都不一樣,但只有他們身邊的另一半才會感觸深刻。

47/11/2 善用專業邏輯又有行動力,允文允武的合作者

事前規劃、事中確認、事後檢討,仔細想想你是不是在面對工作或生活裡重要的決策時都會跑一遍這樣的模式呢?

不管是對別人或自己,你都有一定的條規依序前行同時扛著相對的壓力,看似不好撼動,其實只要能用實證說服你還是會有商量的餘地,你比表象看起來要硬底子,可是表現出來的總是柔軟適中。

陽曆

工作上的他們很重視專業,這個數字的人有不少擔任工程師,例如:航太工程師、科技業工程師等等。他們喜歡鑽研學問或是做研究,並不汲汲營營於工作上的發展,而是對做學問有著某種堅持和喜愛,所以,老師、學術研究者也多屬於這樣

的數字，和這樣的人相處請你要明白一件事，那就是，他們並不是很善於變通，甚至一板一眼，有時候會覺得他們硬得像木頭。你問他們腦筋急轉彎的問題時，得到的答案十之八九都是硬梆梆的。

他們的情緒隱藏而內斂，凡事總以大局為重，很在乎家人，所以家人說假日要去哪裡玩，即使他們很累，其實很想睡到自然醒也都會配合。要留意情緒處理的問題，有時候事情放在心裡憋太久會開始鑽牛角尖。請學會紓壓、釋壓，也不要什麼事都悶悶的承受，這樣對身體也是不健康的喲！

農曆

他們在乎家庭的和諧。在外人面前，他們會為了顧及家族或家庭的幸福面貌而努力，身邊常常會聽到有些人為了孩子，忍耐許多不合理的事，他們就是這樣的人，會讓自己委屈，但要保護他們所在乎的一切。

但其實他們也不是好欺負的，會忍耐也只是剛好那件事情是他在乎的；如果不是他在乎的，就會視而不見的忽略。他們很聰明，會利用機會把別人丟過來的問題包一包再丟回去。真要和他們鬥心眼也不見得贏得了，要不要用心機只是看他們想不想而已。

只是感情路上有時崎嶇了點,他們會想太多或是太容易因為對方的一點小事而情緒化,反而讓對方離他們越來越遠。這些原因來自於他們的不安全感,試著找到讓自己沒有安全感的原因,並且勇敢面對。這樣在感情的路上,才能走得平順而快樂。

主命數②實例分享

小青是個 OL，當時因為感情的問題很困擾她才來找我。她說有兩個男生都對她很好兩二個她也都有好感。最近和 A 出去的時候 B 正好找她，因為說謊被發現導致 B 跟她有點不開心，這件事她一直很在意。但小青說她最在意的是，自己為什麼沒辦法好好選擇一個就好了？

▶**小青的生日是 1980/03/08**
陽曆：1980/03/08，相加後陽曆生命靈數是 29/11/2
農曆：1980/01/22，相加後農曆生命靈數 23/5

從小青陽曆的生命靈數可以看出她的個性是屬於很有想法的人（也可以說是屬於耳朵很硬的人），從她的先天數 1980/03/08 中的 8 可以看出來。照道理來說，小青應該對於感情很有想法，很清楚知道自己想要的是哪種條件的對象，對嗎？

不過，由於小青的後天數和主命數的組合是29/11/2，而這組數字影響她頗多，可以參考一下前面紫衣格格在29/11/2陽曆的解說，是不是提到這組數字的人常常讓自己很忙？而且一次會做很多件事情？我們把這個情況放在小青的感情想法裡，可以看的出來小青其實對於遊走在兩個喜歡她的人之間已經是種習慣。這種習慣有點像反射動作，當一次來兩件事或是兩個人的時候，29/11/2的人習慣直接接招然後一起進行，這也是她遲遲沒辦法下定決心的原因之一。

再來看到小青的農曆是1980/01/22，這組先天數字的1和2都很多，然而1和2是有點相反意義的數字，例如：1是獨立，2就是配合度比較高或是比較需要人照顧。先天來說，小青在感情狀態下本來就會遊移於獨立和被照顧間，個性就是喜歡被照顧但是又

想要獨立。

而她後天數和主命數組合是 23/5，後面會詳細聊到，農曆生命靈數 23/5 的人，在感情上容易讓人造成誤會，因為太過友善。如果我們細分 23/5 中的 2，又有比較心軟不想傷害他人的意思，3 則是有趣、好玩單純沒想太多（雖然有時會被人認為是自私、自我），而最終的數字 5 則是有點選擇障礙啊！

所以～小青會困在無法選擇的圈圈裡也是無可厚非的啊啊啊～（抓頭）

從這個個案中我們可以明白，當遇到類似情況時不一定是對方沒有努力做決定，而是她的個性就是對於決定選誰這件事比較困難。當我們瞭解了之後，就能對於這個情況和這個人更加了解，也不容易有誤會。當然，如果需要，在這個個案中可以進一步諮詢如何調整。

主命數 3

傳遞者：話多、愛做夢、聲音好聽

　　數字 3 的人個性像小孩簡單而容易滿足，一點點好事就能讓他們感到很開心快樂。他們對很多事都充滿了好奇心，像貓咪一樣，什麼都要看一看或是體驗。如果體驗的結果不如預期，下次要再叫他們做同樣的事就比登天還難。相反的，如果事後他們覺得有趣、好玩、有成就感，他們不僅自己還會再嘗試，同時也會召集三五好友一同加入。有時我們逛街會看見喜歡一直試穿都不嫌煩，很有可能就是屬於數字 3 的人。

　　數字 3 的人鬼點子很多，什麼都想試一下，彷彿無邊無際一樣。如果怕他們太脫離現實，可以試著制定一個大範圍、訂好最大極限和最基本底線，然後讓他們在這個範圍內恣意瘋狂，常常可以得到很驚人的結果。另外，他們不會因為對某件事上手而滿足，他們會做很多不同的實驗，看看會有什麼不同的結果。有不少數字 3 的人比較沒有耐性或是做事三分鐘熱度，這則和他們對某件事情的興趣有極大的關聯。

他們常常走別人覺得很辛苦的路，甚至是沒人想接受的工作。對數字 3 的人來說那些事反而充滿了挑戰性，躍躍欲試。不過他們有個共通點，就是當這個挑戰已經完成後，就會想尋覓下一個戰場。所以也有老闆不喜歡用這樣的人，覺得他們有能力但缺乏忠誠度。其實他們只是在追尋自己的主戰場罷了。

普遍來說數字 3 的人聲音都很好聽，或說話時會讓人感到放鬆舒適，無論說話還是唱歌都充滿療癒感。許多有名的藝術表演工作者都是數字 3，他們很懂得掌握群眾的情緒創造氛圍，利用聲音傳遞感情。

性格特性

- 鬼點子特多，稱他是「點子王」也不為過
- 天馬行空的想像力
- 有顆赤子之心
- 很有藝術天分
- 講話或唱歌的聲音好聽
- 能言善道
- 喜歡用溝通來達成共識

- 喜歡說甜言蜜語或親吻來表示情感
- 喜歡小動物
- 不按牌理出牌
- 凡事充滿好奇
- 有時候會覺得現在的場景好像夢裡出現過（比例高）
- 耐性不足，三分鐘熱度

感情態度

- 常帶給情人不同的驚喜，雖然不是每次都真的很有趣，但非常有實驗精神
- 喜歡說小情話、耳邊細語
- 如果不確定自己的感情是喜歡還是愛，就容易一次跟多人交往而陷入三角戀情
- 吵架的時候容易說出傷人的話，說完就後悔了
- 願意陪另一半跟好姊妹、兄弟聚會，還是很稱職的公關兼司機
- 內心那個幼稚的小孩常常跑出來，讓另一半哭笑不得
- 真的很喜歡問「為什麼」
- 非常會撒嬌

- 愛碎碎唸（有研究顯示要停止碎唸另一半才會長壽……要控制囉）
- 分手時如果不是自己提出，會說對方的壞話或抱怨

主命數 ③ 各種組合

30/3、12/3、21/3、39/12/3、48/12/3
陽曆：看工作、思考邏輯、思想模式
農曆：看感情態度、行為模式、行動力／執行力

30/3　強化語言與肢體動作的傳遞者

跟你說話就好像在看一齣話劇一樣精采，尤其當你深信不移的時候，語氣鏗鏘有力態度堅定不移連行為舉止都跟著跳躍起來，所以，透過你的分享、解說總能打動人心，也由於你擁有影響力疊加的力量，說話的內容就變得格外重要，但若是把這樣的影響力用在講八卦、胡亂開嘴上支票、光說不做……，最終惡果回到自己身上的後勁會讓你嚇一跳。

陽曆

天馬行空、無邊無際，腦袋動得飛快，名符其實白日夢冒險王。在他們身上看不見「害怕」、「擔心」二個形容詞，擁有無限的創意及機靈的腦袋。他們缺乏的只是堅持的力量，

常常三分鐘熱度，導致於他們的夢想真的就變成白日夢了。難道他們真的不會成功嗎？不是喔～只要多堅持一些或是多要求自己一點，會發現不需要付出跟別人一樣多的努力，卻可以做到一樣的成績，那如果付出更多的努力不就能得到更大的成就嗎？

他們喜歡節省一些步驟去讓自己快速達成目的，在這個世代裡節省步驟並不一定是壞事。然而，數字是從遠古流傳而來的，30/3 的不按牌理出牌或不按步驟辦事的個性，在過去的時代可是為自己惹來不少的麻煩。

農曆

他們是重要傳遞訊息的使者，如果你是 30/3 或是身邊有這個數字在農曆的人，仔細想想，上台說話、簡報、分享好物情報⋯⋯這對他們來說是不是小菜一碟？是的！他們擁有非常強大的「說」的力量，所以擁有這數字的他們要多說好話。只要一句正面的話透過擁有強大力量的他們說出來，正能量將會加倍奉還！

在感情上他們不小心演出三人行的比重有點高，這倒不一定說是他們介入了別人的感情世界，也有可能是別人不小心把腳就伸進了他們的感情關係裡。這種踩界的感覺一定很不好

受,而他們肯定會大叫「為什麼是我?」其實 30/3 的人也不用太擔心,不要那麼害怕,甚至有的人還會開始疑神疑鬼。並不一定是每一個 30/3 的人都會發生這種事,只是他們的機率高了一些,而紫衣格格透過這麼多年的諮詢經驗來看,大部分的人都容易遇上感情踩界的問題。他們在情感上有時候會逃避現實,或是容易被頗具性格特色的人吸引。所謂逃避現實,就是當他們發現和另一半在感情中有些問題時會假裝沒看見,直到真的發生了些什麼事後才來後悔與生氣。而容易被有趣、帥氣、具藝術家氣息等性格特色吸引的他們,我只能說……喜歡和愛要能分別,有些人只能遠觀不能褻玩焉啊!

12/3 勇於表達但其實內向害羞的傳遞者

在悍衛自己認為重要的觀念或事情時非常堅定,即使內心偶有惴惴不安的情緒也會壓抑住,勇敢發聲。

不過,由於你的內心柔軟且容易受外界影響又不喜歡得罪別人,所以有時候說出來的話會自相矛盾,因此在自我提昇的練習上穩定內在情緒與明確地分辨喜好讓自己能更堅定立場就顯得格外重要。

陽曆

簡單來說，他們時常在選擇題附近徘徊，最後卻做出不在原本選項之內的選擇，跌破眾人眼鏡。12/3 在陽曆的人們會在乎他人的期待，又不想因為這樣被制約，所以最終會挑了一條特別的路。

例如某個陽曆生命靈數是 12/3 的人在工作選擇上大傷腦筋，因為爸媽培養自己去念醫學院，想當然耳就是希望他將來當醫生，但他說自己真正的興趣是櫥窗設計。結果最後這個人去做了行銷企劃，因為這樣誰都不會得到原本期待的，也就不會被爸媽覺得他不尊重他們，等幾年後再選擇轉職到自己想做的。

這就是 12/3 的人會做的事，不過要記得最原始最想要的那條路，別一不小心就在別條路上迷路最後再來後悔囉！

農曆

他們若在工作上擔任單位間的溝通者會很稱職，他們懂得把事情轉化成對方聽得懂的方式或對方能接受的方式。當然，這樣的能力也會讓他們成為優秀的銷售人員，懂得如何把產品推銷給合適的客戶。

感情上則是個甜言蜜語的高手。依據不同人不同喜好在他

們心裡有一本情話大全，適時的播放出合宜的句子，甜甜的又不會太膩，對家裡的長輩也能好哄好說，讓老人家感到開心。

21/3 理解與包容，善於安撫的傳遞者

無論是非對錯，都會先用感性及柔軟的態度表示理解對方，但其實在你心裡早有明確答案只是沒有表達出來。

看似個人色彩不鮮明，但其實內心有自己的終極目標，善於安撫，不會直接戳破別人言行上的矛盾，會給對方檯階下並用幽默的語言化解尷尬，輕鬆整合不同勢力與想法，並將其帶往離你內心目標最近的地方。

陽曆

看起來很好講話，其實他們是很有想法及原則的人。只是外顯的性格讓他們就像是大家的開心果，也都是會呼應團隊決定的人。其實，別人不知道這都是有前提在的，那就是……千萬別觸及他們的原則。

他們不喜歡出鋒頭，屬於內斂型。卻又常因為他們的想法很獨特，而受到眾人注目，這時候他們就會裝瘋賣傻，或是顧左右而言他。倒不是說他們對上層的權力或是職位沒有興趣，

而是他們會衡量工作的責任、壓力、有趣的程度後，再決定想用什麼樣貌面對可能的挑戰。

農曆

感情上他們是體貼的另一半，總是無條件允諾對方的要求。有些人可能會說他們太好講話，但其實他們只是不那麼計較。對他們來說二個人在一起就是要開心，既然要開心許多事就不需要那麼計較。吃飯吃麵只是食物的長相不同而已，最終反正都是和愛的人一起吃頓飯。只是有時候他們會過分承諾，最後才發現根本做不到，這時就要發揮三寸不爛之舌去安撫另一半。仔細想想……好像這樣也不太對啊！盡量在答應前先想一想，自己究竟能否做到，不然還是會被扣分的啦！

39/12/3 捉摸不定，自我優化的傳遞者

捉摸不定，不易讓人猜透內心真正的想法，但善於觀察別人。

擁有自己的信仰、具神祕的氣息，凡事好商量但不能逾越你的信仰，時常傾聽自己內在的聲音且習慣與自己獨處，人生會經歷過幾次衝撞，待過關並蛻變後才將經驗傳承給其他人，屬於自我優化的傳遞者。

陽曆

不太按牌理出牌的他們,真正在意的是有沒有趣,而不一定是社會價值。他們的喜好很特殊,有時候讓人完全搞不清楚他們真正的好惡。這也難怪啦!他們本來就不是那麼好懂的。

在思考事情的過程中,他們會不斷的挑戰各個可能後再一一推翻,其實他們內心有一把尺在衡量該事件的標準有沒有達到他們的喜好,然後才會放手一搏。

紫衣格格身邊有不少點子王或是廣告公司的企畫屬於 39/12/3 這組數字,他們都有超強的企圖心和轉動速度非常快的腦袋瓜。

農曆

這組數字在感情中就是屬於偶像劇情型的感情狀態,劇本很複雜,演員列表也有點長。簡言之,他們可能會覺得自己的感情路一直都很崎嶇,但真正想問一句,難道他們在內心的最深處沒有把這樣的崎嶇,放進幻想中的情感模式裡嗎?我們常說相由心生,其實運也隨心念而轉。在情感的選擇裡,他們本來就會被特定的對象吸引,而如果又把這樣的過程戲劇化,當然在感情的路上就會覺得自己走得特別辛苦,給農曆在 39/12/3 的建議就是,不一定得**轟轟**烈烈、曲折到死才叫戀

愛，有時候，平淡的幸福才是最難得、最深刻的。

48/12/3 透過邏輯組織與自我反覆辯證的信念傳遞者

外在形象是穩重且具威嚴的，因此遇事習慣先用規矩、邏輯走一遍，喜歡有掌控權、被敬重、自尊心強大，人生的過程中肯定會經歷自我辯證和不順遂的時刻，而透過你傳遞出去的即是每個人都會有不如意的時候但能夠用什麼方式贏過虛弱的內心才重要。

陽曆

家庭及事業的成就與平衡是他們最在意的事情。雖然他們稱不上是絕對的工作狂，一旦忙起來也是會投入其中甚至忘記吃飯、忘記睡覺。所以有些人會認為他們是先要在事業上有成就，才會想到家庭，其實不盡然。他們只是能掌握的先掌握，但其實他們是期望能夠平衡兼顧這兩者的。

48/12/3 的他們想事情挺周全，而且會從大處著眼，小處著手。看的也都是比較長遠的目標，做的也都是五年、十年這種長期計畫，合適策略、謀略、CEO 等工作。和他們相處的人如果太小家子氣，或是太在細節處計較，會讓他們覺得好像

不是同一路的。相同的，和他們談生意的人也得知道必須把眼光放遠些，才有機會做到他們的生意喔！

農曆

　　他們常用出乎意料的方法做傳統的事，像是 48/12/3 的主管，如果遇到公司有超乎標準的業績要求，不會只是一味要求部下拚命達成而是會用讓團隊感到有趣的競賽方式，像高空彈跳之類的活動去凝聚向心力，從而達到目標。

　　有想法的尋求合作，大概是許多人對 48/12/3 人的評價。在工作的執行態度上，他們會在有限的損失內嘗試各種不同方法，可說是主管頗喜歡的員工之一。

　　在感情中他們則是顧家的人。雖然有點霸道，不過他們總會帶給另一半驚喜和快樂的笑聲。他們喜歡有個信賴圈圈包裹兩人之間的關係，凡事只要沒危及他們的信賴圈圈就都好談。他們也喜歡被尊重的感覺。有些人覺得錢是自己工作賺的，想買什麼就買什麼理當沒有人能管，但他們會先知會另一半。因為他們在乎的是二個人的和諧。這點小報備在他們眼裡不是需要太計較的事。

主命數③實例分享

Jason 畢業後做了幾份工作，不是覺得公司的制度有問題，就是主管或是同事不好相處。甚至進了公司後，才發現做的事和在學校學的一點關聯也沒有……所以每份工作幾乎都待不到一年就離職，Jason 說，爸媽一直唸他怎麼不斷換工作？到底想做什麼？但他自己也很茫然，所以想知道究竟為什麼自己總是找不到屬意的工作。

▶ Jason 的生日是 1980/09/12
　陽曆：1980/09/12，相加後陽曆生命靈數是 30/3
　農曆：1980/08/04，相加後農曆生命靈數是 30/3

從 Jason 陽曆的先天數來看，他是一個愛作夢的人（數字9）。而且想事情比較容易會往簡單的方向想，希望人生順利成功，但顯露出來的態度讓人覺得有時太過懶散。但這不代表他沒有自己的想法，從 Jason

先天數裡有二個1，可以看出來他是個有想法的人。只是太容易跳過一些步驟，將事情簡化得過了頭，或是想得太單純美好，所以往往過了前幾個月的蜜月期後，才發現工作內容或是上司、同事的個性及相處方式與預期不同，因此心生怯意也就萌生了辭職的念頭。而陽曆生命靈數的後天數＋主命數（30/3）則是什麼事情都想嘗試，興趣廣泛、鬼點子多，跳躍式思考讓旁人往往跟不太上。一般人會覺得他是怪咖，但其實怪咖和天才也只一線之隔而已，如果給他一個無窮的創意空間，說不定會是下一個安迪‧沃荷。

然而，他的執行力（農曆生命靈數）比較沒有辦法支援他的想像力。他的農曆30/3，在行動力上是一個不太有耐性、三分鐘熱度的數字，喜歡事情是有趣且不斷變化，而農曆的先天數裡的二個8，又讓他身體裡流著自我的血液，所以他並不是那麼願意勉強自己

去迎合或配合別人。而且,「變動」這件事對他來說才是正常,也是忠於自己的表現,所以才會一有不如意就換工作,直接用行動支持自己。

建議是首先必須要下定決心更正自己喜歡跳過步驟來的習慣,凡事要把基礎打好一步一腳印才能將腦袋裡的夢想付諸實行,看事情要多面向觀察,不要被一開始的美好沖昏頭。其次,凡事要堅持不能三分鐘熱度,也不要太容易讓自己鬆懈或放棄。

至於工作的方向,則是建議可以選擇需要發揮創意的業種。像廣告、藝術、設計等或與說話有關的工作例如銷售、講師等有關的工作,這都與 30/3 這組數字中的 3 有關。但如果當講師要留意上課的步調,因為……很容易會隨興的講了一大堆,然後下一堂課忘記自己上到哪裡,時間也會拖延得亂七八糟的!

主命數 **4**

組織者：顧家、有計劃、不愛改變

　　個性像張桌子一樣四平八穩，給身邊的人很安心、值得信任的感覺。如果用星座來比喻，數字 4 的人和土象星座的個性比較接近。即使是超級大帥哥、大美女，相處過後你會發現……哇！他們竟然有點宅、有點無趣、甚至有點老古板，根本跟外表不同。他們不浪漫，會做資源回收、垃圾分類，嫌你點菜一次叫太多浪費，手邊有用很久很久的文具還捨不得丟，衣服也是好幾年前的款式，因為數字 4 的人不喜歡浪費，也不喜歡盲目追求流行。不過，這些得要等到你跟數字 4 的人很熟了以後才看得到，在不熟悉的人面前他們是很矜持的，也不喜歡隱私被公開討論，可是對於熟悉的朋友就完全不分你我。

　　數字 4 的人普遍都很顧家，對感情執著而念舊，在乎人與人之間的關係。他們擁有真心好朋友的比例比其它數字來得高，常常一呼百應，開一家店結果道賀的鮮花收不完；搬個家，從沙發到電視都有人出錢，這就是他們經營「人」這一塊所得到的回饋。

投資方面，他們對於房產的投資、土地的買賣、環保的議題、居家風水都頗有興趣也有敏感度，有些數字 4 的人在年輕時會投資不動產而賺了不少錢，而且因為他們的物欲低，所以生活過得都挺有品質的。

如果你的上司是數字 4 的人，那麼要記得一件事，他們有著很深的階級觀念。無論他跟你如何稱兄道弟，甚至說你是他最得意的門生、最在意的夥伴，記得，在工作或互動時仍請千萬要時時記住「他是你老闆」，他們是個實事求是而且工作嚴謹的人。

性格特性

- 喜歡一群人的力量，喜歡團隊的感覺
- 邏輯思考能力強
- 重視風水地理
- 有成家立業的責任感
- 有環保愛地球的觀念
- 自我保護
- 重視家人或他視為家人的人

- 重視個人隱私
- 適合從事軍公教相關工作
- 值得信賴

感情態度

- 家人式的守護
- 我有我要的幸福方式,任何人都無法介入
- 認定了就是認定了
- 有點固執、古板,不太喜歡改變
- 買車會選休旅,買房會選有機會增值的,結婚對象會找可以一起吃苦的
- 有一套自己省吃儉用的方式
- 自己可以吃苦,但對另一半花錢絕不手軟
- 認為家是最後的避風港,喜歡家裡舒適簡單不要凌亂

主命數 ④ 各種組合

40/4、13/4、22/4、31/4

陽曆：看工作、思考邏輯、思想模式
農曆：看感情態度、行為模式、行動力／執行力

40/4　守成為主的組織者

勇於承擔責任但不喜歡冒險，因為不做沒把握的事所以凡事都要先經過計算、規劃後再執行，有強烈的理念與頑強的行動力，根深蒂固的觀念有時會阻礙前進，但你寧願把石頭搬開也不會輕易換條不明確的路走。

事業多往大企業發展，能夠成為公司的中流砥柱也是因為夠穩定，不會輕易轉換跑道，任勞任怨。

陽曆

他們比較在乎階級與輩分，依循傳統也喜歡穩紮穩打的方式，屬於容易在一家公司做到退休的人。他們不喜歡太大的變動也很念情重義，所以除非被公司虧待了，否則他們會因為感念而留下來。

40/4 也是很有組織能力的人，公正且自我要求高。即便是他人看不到的地方，也會要求自己，但過度的遵守規矩或符合流程，有時也會讓人覺得難以親近、太守舊又不懂變通。不過，真的是要瞭解他們的人，才會明白他們堅持的點在哪裡。

同時，40/4 陽曆的人也很有危機意識，有儲糧、儲物品的習慣（有些人會儲衛生紙，這要看每一個人對物品的安全感不同而定），把冰箱塞滿則是另外一種安全感。稽核、不動產買賣鑑價、品管、軍公教等等工作都挺適合他們喔！

農曆

家是他們最重要的堡壘，40/4 的人如果單身，也是很照顧家裡，甚至每週固定陪伴父母長輩用餐聚會；如果已經成家，那麼他會拚死保護家裡每一個人的安全，他們喜歡大家族的感覺，所以不少 40/4 的人在婚後經濟許可的情況下想生很多小孩，他們認為開枝散葉是種責任，也是一種傳承。

不過，40/4 的情人並不是很會甜言蜜語。數字 4 組合的情人都有嘴不夠甜的症頭，只不過 40/4 的人又更木頭一點而已。對他們來說，關心和愛只用嘴說沒有意義，要實際的做出來才有用。所以，開口說「我愛你」和天冷時給你披件外套或是倒杯熱茶，他們會選擇後者，他們總是默默的付出，靜靜的

守候。所以囉！如果你的另一半生命靈數是 40/4 要開心，因為格格也認為與其每天說愛，不如把愛化為實際的行動，更要來得有意義也實在，對吧？

13/4 憑藉個人魅力一呼百應的組織者

內心小劇場很多，表現出來的卻是中規中矩的形象。

外表看起來神采奕奕充滿自信，是個成熟又穩重的大人，內在其實是個小孩，除了童心還有一堆天馬行空的想像。

你是個有趣的人，不僅外冷內熱還是個冷面笑匠（其實你自己不覺得哪裡好笑），也是值得信賴和託付的人，因為個人魅力十足所以能輕鬆建立團隊、創造新文化、成為眾人追隨的對象。

陽曆

通常，數字 4 的人容易被框框制約，但 13/4 的人腦袋轉得快，想法多較靈活，他們可說是隱藏版的數字 3，哈哈！不過，他們的主命數最終還是 4，所以絕大部分的時間還是會妥協在必須妥協的章程、規定、流程下。然而，在制約以外的發揮空間倒是揮灑得挺淋漓盡致。

他們內心深處有叛變的因子在作怪。所謂的叛變並不是實際上的行為，而是他們的心和想法雖然想要在無邊無際的天空亂飛，但實際上可能真正需要的是在陸地上一步一步走。所以，如果他們的工作是可以把無限的想像化為實際，將會讓他們感到無比的快樂。

農曆

　　他們欣賞靈巧有主見的另一半，然而，只要被他們一認定就不會輕易改變。於是認定的這個階段就變得非常重要，因此在認定一個對象之前，有可能會被人認為他們很三心二意。其實他們只是不想做錯誤的選擇，寧願在確定選擇前多相處。至於分寸就得多加拿捏，別讓人誤會是花心大蘿蔔，否則搞得真命天子（女）轉身離開豈不是很不值得？

　　還有一點，就是他們挺愛碎碎唸，雖然不至於唸到天荒地老，但是真想唸的話，功力仍是一流。格格曾經被這數字的人唸過，真的快爆炸……因為就像無限迴圈一樣，功力強大的還會加上類似禮義廉恥等說教的項目。所以，為了不嚇到他們的另一半，甚至覺得他們根本就像爸媽一樣，碎碎唸這習慣請小心收好，不要隨便亮出來嚇人。

22/4 透過自我碰撞而強大的組織者

溫和毫無侵略性,也沒有想和誰爭第一的念頭,人生挑戰在於如何將腦袋中擘畫的理想藍圖實現,透過結合不同資源、能力,能以合作為前題將自己的需求暫時放在備位,有自我實現的慾望,只是不會明確地表現出來,人生常會經歷一些複雜又有點暗黑的自我對話和情緒碰撞,但通常會完成的目標都頗具一定規模或讓人為之驚訝。

陽曆

他們像是成功的見證者,有著無限信仰和能力,懂得與人合作,明白怎麼將自己狀態調整到最好。他們擁有很強大的信念,期望能改變些什麼;能夠為這個社會及世界做些什麼,也就因為有這樣的夢,他們才能真正完成一些不可能的任務。不過,這個數字的人在享受成功前的過程很重要,不能太多幻想、太多自以為是,必須一步一步的往前走。在個案中遇過不少22/4的人對自己的事業未來雖有想法但仍迷惘,格格只有告訴他們,請設定好方向,確立後頭也不要回一直前進,在過程中會有假性的成功,請不予理會。倘若他們因為短暫的成功就自得意滿,那最後真正的大成功就可能看不到了。

對於 22/4 的人們來說，設定目標很重要，因為他們想做的事太多但能做的事太少，最好是不要管旁枝末節，把最想要的那個藍圖拿出來好好的想一遍，在心裡為它設定一條路，然後，筆直前進。

農曆

工作執行方面，他們一定要把許多細節確認再確認後才會動手，並且會和一起工作的人維持不錯的關係，因為對他們而言，多一個敵人不如多一個朋友，更何況，他們容忍的彈性頗大，通常可以殺價拿到訂單還維持著好關係的人就是他們了。

在情感關係裡他們則是苦情殉道者。其實不是他們真的苦情，而是因為太多的退讓和浪漫幻想，造成他們不是那麼願意面對情感關係裡真實的那一面，請回到人間吧！戀愛是件開心幸福的事，能和他們在一起的人是幸福的。所以，面對真實的情感世界裡不完美的一面，並接受這樣的不完美。

31/4　看起來很社牛其實內在有點孤僻的組織者

一派輕鬆、神色自若、善於社交、樂意和別人分享不同想法……，這些都是你給別人的第一印象，但再深入瞭解之後會發現，其實真正的你是有點孤僻且不那麼容易

親近還很有自己一套標準的人,但為了事業發展、家庭和諧有需要的時候你還是會很努力展現看來很好聊天、愛交際的模樣,這樣的你其實魅力值爆表,因為捉摸不透的性格反倒讓人覺得很有挑戰性,會想試著參與你的話題或生活。

陽曆

樂於接受挑戰又很清楚自己想要的是什麼,對他們來說,人生中事業的每一步都是預料中的事。不過他們也喜歡挑戰沒做過又有趣的事,他們習慣為自己留條退路,就算真的不可行,往後退還有路可以走。只要不至於被鎖死,那麼多嘗試一下又何妨呢?這大概就是 31/4 陽曆的人勇闖事業銀河的心態吧!他們也很樂於教導後進,他們認為教導是傳承的一部分,雖然不少時候他們會被氣得亂七八糟,但還是樂在其中。

工作中他們習慣隨時掌握情況,以避免發生無法控制的事。無論是從事哪個事業,合法安全大多是他們認為必須遵守的要件之一。他們很照顧員工,因為知道員工是一切的基礎;如果他們自己是基層的工作人員,那就會選擇一間能給不錯福利的公司,容易進到大公司工作也是他們的數字特色之一,讓人挺羨慕的喲!

農曆

　　雖然主命數都是 4，但相較 40/4 的不擅長甜言蜜語，他們在這方面就靈巧多了，懂得說好聽話也會察言觀色。不過，他們太容易隱藏自己真實的想法，以致於有時他們的另一半不容易判斷他的情緒。雖然外表看起來他們對很多事不是那麼在乎，但因為他們隱藏了真實的想法，有時候對同一件事表現來的好惡反應會大不相同，讓人感到不知所措。

　　31/4 農曆的人很重視關係的和諧也很在乎家人，一旦被他認定另一半，就會想帶對方回家見家長，這也是他們認定對方的一種方式。

　　他們擁有很棒的說話技巧與溝通能力，喜歡說道理講故事。因此，老師的工作挺合適，或是博物館、美術館、蠟像館等的解說員都挺能發揮他們的強項喔！

04/4　20000101 生的人 ⇨ 可塑性強的組織者

　　可塑性強，養份吸收速度快，雖然看起來對週遭的事並不都那麼在意，也好似沒太多自己的主見，可是你內心很清楚要有底線以及需要守護的事情，所以你珍惜的會希望別人也能同樣對待。

喜歡直球對決不拐彎抹角，有一股可愛的傻勁，人生功課

> 在於學習更宏觀、沉穩地看待事情,並在過程中學習成為一個備受信賴的組織者。

陽曆

內心需要很安定的力量,也渴望能獲得掌握自己未來的能力,因此 04/4 的人可專注於自我成長並試著有計劃的規劃人生不同階段的目標,每完成一個目標就給自己實質的獎勵,讓自己明顯的被鼓勵,這樣就會有動力繼續下一個階段的計劃。

陽曆

內心充滿不安全感的且崇景穩定的情感關係,對家有一定的依戀。

原生家庭關係比較疏離的 04/4 可能會選擇早早進入婚姻,而且對象通常會比自己年紀稍長一些,而原生家庭關係緊密的 04/4 對於另一伴的要求就會希望和自己的家人是能和睦相處的,這是因為他們對原生家庭本就比較依賴。

主命數④實例分享

Carol 是一間公司的高階主管，先生也是在外商工作擔任要職，夫妻倆沒有小孩所以過著悠閒快樂的頂客生活，Carol 來找我的時候說厭倦了職場上的征戰覺得想退休做些別的事，剛好朋友找她去當兼職顧問，於是她問這樣類型的工作是不是適合她？

▶ Carol 的生日是 1966/07/02
　陽曆：1966/07/02，相加後陽曆生命靈數是 31/4
　農曆：1966/06/14，相加後農曆生命靈數是 33/6

從 Carol 陽曆生命靈數的先天數可以看出來，她在工作上是一個對自己要求很高的人（數字 6），同時也是一個對專業知識、技術要求頗高的人（數字 7）。而她的後天數加主命數的組合是 31/4，這組數字再搭上先天數來看，她是一個很願意教導後進的人，而且常常很愛碎碎唸（數字 3），看不慣的事情一定會

說出來不會藏話，但又懂得不用權威壓人（數字1），凡事以公司、員工的利益為優先。所以她一直是公司很重要的支柱，也是員工很信賴的主管。

Carol 的農曆生命靈數中後天數加主命數是 33/6，這是一個非常適合當講師的數字。不過，因為她農曆中的先天數加上主命數一共有 4 個 6，所以我特別提醒她不要在工作上干涉下屬太多，她的善意往往會造成下屬無法成長，甚至備感壓力，要讓下屬自己摸索、跌跤，這樣得來的果實才是他們自己的。所以，Carol 之所以在工作中會感到疲累，其中有一部分是她操心下屬的做事方式。如果她可以學會放手，自己就不會那麼累，下屬也可以獲得足夠的經驗。

至於顧問的工作她是合適的，不過為了不要重蹈覆轍，請 Carol 一定要記得只負責教導，千萬不要干涉太多。

主命數 5

內觀者：內心、有人緣、選擇障礙

　　追求內心的平靜與修為。因為 5 這個數字與大自然的連結很強，只要當數字 5 的人遇到煩惱或是心情不好，又想當下處理這種情緒時，只要到附近的公園或有樹木的地方（盡量要密集一些的）走走，要不了多久就會覺得心情平靜或情緒舒緩。不少生命靈數 5 的朋友喜歡利用假期到國外度假，或週末假日到郊外走走，甚至有專程到國外做大自然瑜伽的。無論選擇哪一種，只要讓數字 5 的人接觸大自然，什麼壓力與煩心事就都會煙消雲散啦！

　　數字 5 的人常會需要面對一些與選擇有關的問題。格格就有一個好姊妹是數字 5，跟她出門逛街要有幫忙提貨的心理準備。但她真不是故意的，只是到了店裡看上了鞋、又看上了包，可能還會看上件外套。卻因為很難抉擇就只好通通帶回家……但這個狀態沒得解嗎？其實是有的，當數字 5 的人面對選擇開始三心二意，不知道該怎麼決定時，盡量讓一切化繁為簡。先把選項利用刪去法從五個變成三個，再從三個變成兩

個,盡量讓選項變少,數字 5 的人就能做出決定了。

另外在職場上許多數字 5 的人常以黑馬之姿一躍而起,因為他們的工作態度很主動積極,人際關係也好所以很容易被大家看到,不過要留意的是一旦數字 5 的人做的不是打從心裡喜歡的工作,而是被迫接受的工作內容。或者只是為了生活而倉促選擇了一份工作,就會開始茫然而亂了方向,找不到重點。這時旁人就會覺得這個人好像心不在焉一樣。數字 5 的人只需要優先確定什麼是「我發自內心喜歡的事」,只要找到了,這匹黑馬肯定會讓眾人大吃一驚。

性格特性

- 有正義感
- 與大自然的連結性很強,非常適合利用大自然釋壓
- 適應力強
- 喜歡模糊空間與距離感
- 喜歡戶外運動
- 重視內心的平靜與修為
- 多重選擇不知道該選哪個

- 目標要確立
- 簡單的打扮就很顯眼
- 容易壓抑內心的情緒

感情態度

- 內心戲非常多，情境都演完一遍了，該說的話還是沒有說出口
- 還沒定下來前若遇到多重選擇，不知道該選哪一個！因為每個都有自己的強項啊！選擇是痛苦的
- 呼朋引伴的能力頗強，有時候出來約會，另一半還以為你是要開同學會
- 步入某個人生歷練時會想尋找生命的真諦、內心的自在，期待另一半與你一起提昇
- 是個友善的朋友，但如果拿捏不好分寸，容易讓另一半誤會而沒有安全感
- 討厭吵鬧的互動，不喜歡爭執
- 不到黃河心不死

主命數 ⑤ 各種組合

05/5、14/5、23/5、32/5、41/5

陽曆：看工作、思考邏輯、思想模式
農曆：看感情態度、行為模式、行動力／執行力

05/5 心之嚮往的內觀者

需要傾聽內在聲音，確立心之嚮往的目標就是終極的目標。

你有自己的一套思考邏輯與想法，但內心常感徬徨，有時候會做出一些違背內心聲音的決定，而那些決定往往會造成事情的結果不如預期或往意料之外的方向發展，因此，練習傾聽內在的聲音，讓自己能安定及安靜，就是調整自身力量的方法，這樣的過程並不簡單，需要平撫內心許多複雜的情緒，因此，感到壓力大的時候可以藉助身邊友人或家人的力量，不要一個人承受。

陽曆

數字 5 走的是內心，而 0 是加強的數字，所以 05/5 的人

最重點就是「心」。這實在說不出有什麼絕對的好或壞，因為心之嚮往就能讓人前往想去的目標。只是，當他們的內心太紊亂的時候，就會開始完全喪失找目標的能力。其實 05/5 的人很有想法也很有業務能力，只是有沒有發揮和運用而已。他們需要透過內心的對話摸索出一條適合自己的路，然而組合成 05/5 這個數字的先天數是非常簡單的，因此，若要格格給 05/5 這個數字一些建議和分析時，我會說：「請傾聽你們內在的聲音並且簡化一切的過程。」這個數字組合的人如果能夠通過內心的這關，必然有所成就。

農曆

他們很顯眼，在人群中一眼就會被看到。他們崇尚自然，所以只要隨便打扮一下就很顯眼。做事挺有行動力，不過持續力不足，容易胡思亂想輕易放棄。最合適他們的打扮大概就是一件簡單的 T Shirt 加牛仔褲，大方而俐落。

情感上的他們是會為愛走天涯的數字，尤其愛情的重量大約占了他們內心的三分之二。他們真的為愛遠走他鄉的話，我可是一點都不覺意外。但我要提醒的是請照顧好自己的心，尤其感到委屈的時候千萬不要隱忍，一定要讓對方知道。當然，要用對方能明白的方式溝通。因為他們容易把事情憋在心裡，

等到忍無可忍時才爆發是會很可怕的。所以千萬記得，不要一直要求自己在感情上的付出，這樣壓力會太大喲！

14/5 乘願前行的內觀者

以終為始，內心存有什麼願景，就以什麼方式前進，擁有領導力、判斷力、組織力的內觀者，社交能力不算最好但好人緣來自於給人誠懇勤學、忠於實踐生活意義的態度，看似八面玲瓏其實不苟言笑。

喜歡傳統且有特色的事物，好像年輕人的身體裡住著老靈魂，不善於做選擇，如果必需做決定，以你感到最不違背內心價值的為優先考慮，可以減少一些矛盾的想法。

陽曆

14/5 陽曆的人獨立、有想法、專業又很有個性，他們在乎工作帶來的成就感。對他們來說工作並不只是賺錢，而是能夠發揮自己的長處。他們很有組織及邏輯思考的能力，很合適一手建立起某個事業王國，或是幫公司到遠方設立新據點打江山。他們認為工作就是要做得開心，如果不能開心快樂的工作，寧願選擇離開。

他們也很適合在國外居住，忽然放下手邊一切買張機票，飛去某個國家後定居，這就是他們會做的事。他們內心嚮往簡單寧靜的生活，人生中最原始最真實的狀態才是他們追求的，加上他們也有不錯的好人緣。所以，萬一哪天真搬到國外住也不用擔心寂寞，飛去找他們玩耍的人應該不少喔！

農曆

　　14/5 農曆的人認為每一個人都是獨立的個體，誰都不應該被誰束縛住。儘管他們內心很期待組成家庭，卻不會因為這個原因而衝動結婚，他們希望對方是真心想與他們一同經營一個家，只有在這樣的前題下才會牽手走進家庭裡。他們自己也挺獨立，是個會悍衛自己感情及家庭的人。

　　不過，在生活中他們有點選擇性障礙，常常不知道該怎麼選，打開衣櫃裡是不是發現好多同款的衣服，或是會不小心一次買太多東西回家？是的，就是這個症頭。下回，不知道怎麼選的時候就先化繁為簡，挑出二個最喜歡的（或是用刪去法），然後就能從那二個裡頭選一個出來啦！真如果還是沒辦法取捨，帶二樣回家總比帶一大堆回家來得好吧！

23/5 易受感動,適應能力強的內觀者

優秀的輔佐者,因為內心總有千奇百怪的想法,反而更瞭解人情世故。

喜歡發呆、放空,因為這樣就可以理所當然地徜徉在想像的世界裡。

對於環境變化的嗅覺靈敏並且適應能力強,屬於變色龍等級,容易受感動,內心也常被微小的事打動而波濤洶湧,生活即是武林,心緒的安定與強大是人生最大的功課。

陽曆

他們很為別人設想,而且配合度相當高做事又有責任感,或許別人看23/5陽曆的人是乖乖牌,但其實他們有著相當孩子的一面。他們的工作能力很強,但很少爭功,因為對他們來說當第二比較輕鬆沒有壓力。如果有出國工作的機會他們是很樂於接受的,因為符合他們不需要一直在核心被眾人矚目的習性,又有機會到不同的國家看看。

不過他們有時候會比較愛幻想不切實際,或是常想一些脫離現實的事態。這是23/5陽曆的人很私下的一面,不容易讓旁人發現。

農曆

　　有些人其實並不花心，但常被認為很花心，原因就在於他們看起來對誰都很友善體貼，23/5 的人就是屬於這一款，對他們來說只是一視同仁而已。當然，他們還是會對自己的另一半比較好，但外在表現或行為上，有時還真不好分辨，既然如此，就別怪別人是這樣看你的囉！

　　當然，因為這樣多少讓他們的感情路走的有點辛苦，建議可以調整一下，不要那麼粗線條大神經的。要知道，情人的眼裡是容不下一粒沙的。

　　剛才有提到他們的體貼，的確，他們是屬於體貼情人型，甚至還會為愛走天涯。他們會支持另一半，讓對方感受到身邊有他們的陪伴。這一點，倒是他們這組數字做得挺到位，值得掌聲鼓勵鼓勵！

32/5　外向但保有寧靜內心的內觀者

　　屬於看起來善交際、樂分享、可恣意遊走於不同類型人群裡的專職人來瘋，其實內心有著小小的不安、淡淡的哀愁還有一點點社交的不安全感，愈處於熱鬧的環境中，你的內心愈安靜，就好像有扇門，隔絕內與外，關起門來，連自己的心跳聲都能清楚聽見，但你有著莫明的勇

> 敢特質,也是能逐一打破不同界線的能耐,人與人的串接對你而言是輕而易舉的事。

陽曆

他們喜歡自由不愛束縛但心思細膩,最合適他們的工作之一大概就是導遊、領隊這種可以玩又可以照顧別人的工作。他們總是會挖掘那些繁瑣複雜的事有趣的一面,因為他們想事情時不喜歡只看一個面向,多方的探詢、嘗試、思考才是 32/5 陽曆的人喜歡的模式。

而「魔鬼藏在細節裡」這句話也可以用來形容他們所要求的工作態度,雖然看外表他們好似不愛拘束或是不太在乎,但實際上他們很注重細節思考,想事情也很周全。如果 32/5 陽曆的人是主管,肯定是那種讓下屬一開始以為很好搞定後來才發現「天啊!連這種小事他也要管?」的類型,跌破大家眼鏡喔!哈哈!

農曆

他們是很厲害的業務,擁有很強的行動力以及細微的觀察力,很會說話明白怎麼說服別人能夠做成生意。有不少的 Top Sales 就是屬於 32/5 農曆的人,因為他們總是能記得一些細

節,更會化成行動讓客戶覺得很貼心。他們也擅於人際關係互動,對他們而言沒有永遠的朋友或是永遠的敵人,面對任何人他們總是笑笑的,誰也不得罪。不過,要跟他們成為很好的朋友需要花些時間。他們覺得讓別人任意踏進內心世界是件挺冒險的事,那塊地方是他們最終的安全地帶,需要真的跟他們有特殊革命情感,或是其它原因生成的友誼才能走進這個世界。

41/5 在常規與變化中求取平衡的內觀者

不喜歡打破常規,但能接受需要改變的事,面對挑戰或變化習慣依循以往的經驗和成功的模式進行,因為這樣對你來說最有把握,但若一成不變似乎又顯得很沒新意、很古板,所以平衡新舊之間靠的就是自我價值的一再認可及確立,擁有強大組織能力的你可將其能力疊加自信成為執行力。

陽曆

堪稱認真努力工作狂,工作起來昏天黑地忘我到不行,這個數字的朋友們不少在工作中是屬於中、高階的主管。很有責任感、有很強大的組織能力、擅於獨立思考並且能運籌帷幄,對自身的要求也高,並且擁有專業的技能當後盾,常有機會為

工作在世界各地飛來飛去。

41/5陽曆的人思想比較保守也比較傳統,有著上下觀念,在工作中他們是在乎尊稱的一群。另外,他們並不喜歡太打破常規的事情,但能接受改變,像現在不少的文創產業是維持著過往舊有的樣貌,但一步步做了新的改變或調整;比起把舊有的傳統全部推翻,維持並且改變才是他們能接受的改變方式。

農曆

如果有個很棒的工作機會,但需要每天從早到晚不休息,或是需要外調到其它地方和家人分開,那麼41/5農曆的人會寧願選擇陪在家人身邊,換一份需要努力但不會忙到回家時家人都已經休息的工作。因為對他們來說家庭是最重要的,比他們自己的幸福快樂還重要。有不少這組數字的朋友非常孝順父母,甚至為了照顧父母而未娶未嫁。

在行動力方面,他們的動作是比較慢一些,但這倒不是偷懶,而是他們會擔心做錯事而小心翼翼。他們照著規定做事,但會照他們專業的判斷來彈性拿捏分寸。對於不清楚的事情也會打破砂鍋問到底,堪稱十萬個為什麼冠軍之一。

主命數⑤實例分享

Vincent 常住大陸,一年回來台灣幾次而已,最近一次回來時找我是為了他和太太間的問題。Vincent 很早就結婚,有兩個小孩,太太是台灣人,早年跟著他一起到大陸打拚,年輕人很早便有了車和房。他說,很感謝太太當年一路陪他吃苦,但這幾年和太太間總覺得很難溝通,老婆都說他不負責,對事情都沒有想法和意見,小孩的教育問題也搞得兩個人常常吵架。他想知道是不是他自己本身個性有問題,還是太太實在太吹毛求疵了。

▶ Vincent 的生日是 1983/07/13
  陽曆: 1983/07/13,相加後陽曆生命靈數是 32/5
  農曆: 1983/06/04,相加後陽曆生命靈數是 31/4

從 Vincent 陽曆生命靈數先天數裡的兩個 3,就能看出來他是個性有點孩子氣的大男孩,有點霸道甚至自

我（8）、很有自己的想法（1），有些事不順他心意的時候會對自己或周圍的人發脾氣（7）。再來看他的後天數加上主命數的數字是 32/5，這裡又有 3 這個數字，所以他給人的印象也是有點皮皮的、玩世不恭的模樣（他來找我的時候的確讓我有點驚訝，是個帥哥而且皮膚超好的）。但其實他是用這樣的外表隱藏他內心的不安全感（2），而他的主命數 5 又是一個對下決定容易猶豫的數字。嚴格來說，他的個性在家是一個跟隨者。在他和太太的情況裡，太太的確總是覺得家裡的事都是她在決定，Vincent 只是參與，都不表達自己的看法和意見。對此 Vincent 跟我說，他真的覺得很多事怎麼樣都好，沒什麼特別的喜好，所以才無法決定。更想不透太太為什麼一定要那麼堅持，非要他做出個決定不可，他們倆光是為了這樣的事就能吵上半天。

再來看看 Vincent 的感情態度（農曆生命靈數），他的農曆後天數加上主命數的組合是 31/4，表示他其實是個很顧家愛家也很保護家裡的人（4）。然而，卻常常在表達的時候衝口說出不好聽的話而不自知（3），但其實他是一個願意以家為重，把自己放在最後的人（1）。

從 Vincent 的生命靈數裡我們可以瞭解他其實是個愛家的人，只是很難針對某件事做決定。但只要另一半決定了，他會全力支持並且乖巧的配合。然而，凡事讓另一半決定這件事，在談戀愛或是結婚初期是很美好的，另一半可能會覺得對方很尊重她、愛她並以她為主。但是，當兩個人結婚久了，家庭中需要煩惱的事變多時，太太便開始會覺得怎麼這個男人對家好像漠不關心，凡事都沒有想法，不分攤壓力，那這樣她不就要承擔很多事的後果和責任？

我給的建議是請他帶老婆一起來，我可以跟他老婆溝通，不是 Vincent 不願意參與或不想承擔責任，而是他生命靈數裡的性格就是一個孩子氣很重，但是對家庭卻又非常在乎的人，有時在需要下決定時真的拿不出個主意。如果不讓事情在這個方向上打轉，Vincent 其實真的是很為家人付出和著想的好老公。當然，他們的狀況後來還做了合盤，並給了最合適他們的建議，只是從 Vincnet 和他太太的案例裡，我們是不是也彷彿看見了自己一樣呢？

有時候，我們會抱怨另一半好像對我們很不關心，或者老說在一起久了好像感情都冷淡了。其實，並不一定喔！有時候真的是對方在個性上無法滿足事情罷了。而這一點，只要互相瞭解或是自己夠瞭解自己都可以獲得體諒和解決的喲！

主命數 6

療癒者：療癒、求完美、責任感重

數字 6 本身是一個療癒型的數字，不少數字 6 的人說話都有影響力或是讓人感到很溫暖。仔細想想你身邊數字 6 的朋友，他們是不是很好倒垃圾的對象？跟他們傾吐心事雖然不一定能獲得解答，可是，心情卻會變得輕鬆快樂，這就是數字 6 的人很強大的功能之一。

還有一些數字 6 的人是很樂於分享的，例如去到一家餐廳覺得很好吃就會到處跟朋友們分享，買了一件衣服覺得很好穿，就會大力跟朋友推薦那個牌子或是那家店的服務。甚至常熱心宣傳到旁人會誤以為他們有入股的程度喔。其實，數字 6 的人做很多事情只是因為開心，做了會快樂，不一定是為了要得到什麼利益或權力。所以通常數字 6 人做的許多事，不一定是別人眼中很重要的事，卻是他們眼中很重要的事。簡單來說，數字 6 的人很特別，特別到他們並不是那麼在乎別人怎麼看待他們。有些數字 6 的人覺得世俗對於某些事情僵固的印象很無趣且沒有意義的，他們會想打破這樣的僵固以及傳統，而

當數字 6 的人在衝突這樣的傳統時就會像小惡魔一樣什麼也不管不顧,甚至有點壞或是難以控制。請記得,不要想控制數字 6 的人,他們雖然和善但不是阿呆,他們很有自己的想法,只臣服於自己願意臣服的人。

不少數字 6 的人對於藝術、時尚精品有敏銳的嗅覺,他們大多都有不凡的貴族氣質,即使平價的服飾穿在他們身上也會讓人以為價值不菲,當然啦!不少數字 6 的人會把所得收入花在手錶、包包、衣飾品等上頭,甚至年終時會為了犒賞自己一年的辛勞,而去買下那個夢想已久的精品。因為這對他們來說也是人生某項重要的成就感之一啊!

性格特性

- 兼具天使與惡魔的個性
- 有優越感不好親近
- 雞婆(只差沒去選里長)
- 氣質優雅(獨特的氣質)
- 喜歡時尚與精品
- 完美主義

- 敏感體質
- 心軟
- 有穩定他人情緒的療癒力量（簡言之就是很好的聽眾加垃圾桶）
- 感覺對了就什麼都對了
- 與神明很有緣

感情態度

- 跌跌撞撞總覺得自己沒有遇到過對的人
- 常被對方一句話就氣走又一句話就回頭
- 完人典範，菩薩心腸；苦都我吃就好，你只要負責快樂
- 擔心傷到脆弱的對方，其實最脆弱的是自己
- 情緒看起來很平靜，其實波濤洶湧
- 沒關係！我是你的避風港
- 像對待小動物一樣的心情處理感情關係，容易被感動

數字 ⑥ 各種組合

06/6、15/6、24/6、33/6、42/6

陽曆（看工作、思考邏輯、思想模式）
農曆（看感情態度、行為模式、行動力/執行力）

06/6 天使或惡魔的療癒者

你的人生經歷會決定你是天使還是惡魔的療癒者，所謂惡魔的療癒者，指的並不是會變身成為恐怖的物種或做出什麼可怕的事，而是內心的責任感、自我要求等情緒會壓縮你探尋自我和成長的空間，導致對自己或別人過度要求的偏執，這類的偏執會影響人際關係、生活與工作甚至感情。

截至目前為止 06/6 的人一定都需要透過學習如何不過份放大自己的感受、學習什麼是療癒以及如何不要過度解讀責任以及要求完美。

人生有諸多體驗，用全身的細胞去感受，但不要過份帶入個人的情緒或喜好，終有機會成為天使的療癒者讓自己的人生愈過愈好。

陽曆

有著大愛精神的他們,屬於認為人性本善的一群,付出從不計較也常想著怎麼樣才能讓事情變得更好。他們樂於傳遞良善的信念,也喜歡幫助別人完成夢想,但就是太心軟容易聽信別人的話,所以常常吃悶虧。他們希望把自身的經驗分享出來,讓後面的人不要再走跟他們一樣的路,但是似乎忘記了每一個人都有自己的人生要過,即使是不好的經驗也是人生的一部分。所以,06/6 陽曆的人必須學習的是放手讓別人去過自己的生活,去體驗該體驗的人生經驗。

他們對自己的高要求跟 12 星座的處女座不相上下,都有某些堅持、各種不同狀態的潔癖。

農曆

他們認為另一半是要拿來疼的,這當然是好事,尤其在遇到一個有同樣想法的人時就幸福無比。不過,有時候命運之神挺會捉弄人的,他們反而會遇到不懂得他們好的人,想必他們就得經歷一些不愉快的情感經驗。對於 06/6 的人來說就是需要這樣的一些經驗累積,才會在遇到對的人時得到強大的情感力量,之後才能過得幸福快樂又美滿。

在行動力方面是屬於慢火慢燉慢慢熬型,每一種人的成功

方式都不一樣，而他們的就是溫慢型，大器晚成型。對他們來說工作不只是為錢，而是要做有意義的，所以，即使成功得晚也不覺得有什麼不好。

15/6 釋放內心，自在歡喜的療癒者

學習不過份的要求自己，放過自己，不給自己強行戴上責任的帽子，當你釋放了自己的內心，就更能體悟生活中的來來去去。

你的喜好與內在情緒會影響事情的結果，例如在乎一件工作不僅會排除萬難親自參與還對細節要求頗多，事情的好與壞都是延續你想要的方式進行著，你吸引別人朝你走來，對你傾吐心中的快樂與悲傷，你內化所有無論自願還是非自願得到的情緒，轉化成各種能量，這些吸引的背後也是因為你在舉手投足間釋放的善意。

陽曆

15/6 陽曆對人生規劃有自己的想法，喜歡照著自己的方式做事，連思考事情都有一套邏輯。他們並不排斥出國工作，不過出去一趟可是要耗費他們許多的精力，因為光是家人與寵物的安排、朋友怎麼聯繫等等⋯⋯這全都是 15/6 陽曆的人會考

慮的範圍。所以，當他們下定決心出國工作或定居時，一定是他們打從內心真心想要那份工作，或那就是他們夢想的國家。

　　15/6 陽曆的人有很多的內心戲，做一件事會顧慮好多層面，看似獨立的他們其實是有點優柔寡斷想太多，但旁人無法體會你的糾結，實在是有苦說不出啊！我還是只能跟 15/6 陽曆的朋友們說，不可能凡事都安排得妥妥當當，也不可能都能周全，別給自己太大壓力啊！

農曆

　　在情感上忠於自己的選擇，雖然還是會欣賞別人，但是 15/6 農曆的人挺清楚欣賞和交往之間的差異，算是專情的人，和他們在一起應該會挺快樂開心的。因為煩惱的事都在他們肚子裡，快樂都給了另一半。愛情之於他們是有點重要的，他們在乎對方時，會一直花心思想怎麼樣能讓對方感到快樂和幸福，有時候給多了還會忘記要收回來。

　　在行動力方面他們也是屬於行動派，沒太大的耐性。想到了就去做反正多試幾次也無所謂，喜歡自己做了再教別人，覺得這樣才踏實，是個實驗性挺強的數字組合。

> **24/6** 為他人著想，真誠待人的療癒者
>
> 「大處著眼，小處著手」這句話用來形容你再適合不過，習慣將眼光放遠以大眾利益為優先行事紮實牢靠按部就班，不跳步驟也不偷斤減兩，一來是你重視內心踏實的安定感，做人做事講究規矩，二來是偷雞導致事後需要再縫補加強收拾善後的話會讓你感到煩燥。
>
> 不過，也要適時地為自己著想、重視自己的需求和想法，不要委屈自己，也不要習慣地委屈自己，這樣你心裡的美好藍圖才有機會得以實現。

陽曆

在工作上他們是配合度很高的一群，不那麼在意名分，認為只要能把事情做好，誰出頭都一樣。做起事來又常常沒日沒夜，也會為公司省錢。如果我是老闆，都想請他們來工作了。不過，跟他們工作的人會比較辛苦點，因為 24/6 陽曆人的高標準要求不是只對自己，也會用相同標準來衡量一起工作的夥伴。對他們來說，最過癮的無疑是擁有一組神團隊，大家只要一個眼神就能明白彼此的心思以及接下來要做的事。不過……夢想畢竟是夢想，神團隊不是那麼容易就有的，所以要請他們稍微忍耐一下凡人團隊，也是能帶給他們許多工作上的快樂火

花。

　　他們也有個別人無法理解卻也無法侵犯的堅持，例如：有些人就不是喜歡別人碰他的東西、有的人不愛睡覺的時候被打擾（會有起床氣）、有的人吃東西會把喜歡的主餐放在最後吃……挺有趣的。

農曆

　　其實，主命數在6的人感情上都是溫和而專情的，不同的部分在於組合而成的其它數字，而他們在感情上會將全副精神都在對方身上。他們期待擁有家庭、喜歡家的感覺，所以很多時候他們會努力的配合對方的喜好，甚至花心思去做很多對方喜歡的事、改掉自己的脾氣等等。只要一旦答應對方的事就會記得去做，雖然不見得次次滿分但也算是分數挺高的情人了。然而，在這樣的過程裡他們卻常常忽略自己，誠如我上面所說，如果24/6農曆的人夠幸運遇到和他們有同樣想法，同樣重視這段感情的人，那真的會很幸福。但如果剛好沒那麼幸運呢？不少24/6的人情感路走得比較坎坷的部分原因就是這樣。不過，還好他們夠堅強，所以一定會在情感中遇到和他們有同樣想法的人，幸福走下去的。

33/6 言出法隨的療癒者

請相信你所擁有「說」的力量是無限強大並且能呼風喚雨的。語言的能量很強大，倘若再加上意識的支持就會更強大，你便是屬於這樣的人，心裡想的轉化成語言會變得很有影響力，因此，學習說好話、好好說話，很重要，若出口傷人，即使無心，彼此都會受到程度不一的傷害，若對別人敷衍了事，就得花數倍力氣、成本去實踐。

33/6 的人在學習的過程中會一直不死心地嘗試平反上述的一切，但會發現愈抵抗反作用力愈大，不如真誠面對並且調整自己，人生的順暢度會超乎你的想像。

陽曆

不瞭解他們的人會常常搞不清楚他們說的是真是假，這一刻還想著要往東，下一秒卻朝西走。如果拿 12 星座來比喻，他們的性格大概最像雙子座，反應靈敏，讓人捉摸不著。

33/6 陽曆的人喜歡有趣的事物，常常想東想西想到什麼做什麼，喜歡說話，非常非常喜歡說話，而且講話速度之快令人咋舌。說真的能跟上他們腳步的人還真不多，看起來很精明其實很單純，最合適的工作就是賣東西。不過這有前提的，就是要打扮的很體面或美美的，然後賣單價較高的商品。如：珠

寶、醫美技術等等。其次就是創意工作，例如：廣告、個人創意、活動企劃……

農曆

樂於分享的他們只要自己親自試過又覺得不錯的店家、服務、商品都會無私的分享給朋友們，如果你身邊有33/6的人，會發現他們常常會在社群網站上介紹不錯的店家。還會特別帶朋友去捧場，就好像自己有入股一樣。

他們也很擅於溝通說話，挺適合老師、諮商師、教育訓練等工作，因為這些工作都是可以幫助別人，又能讓別人聽你說話的。

感情裡他們是愛到卡慘死的那種，他們的貼心靈巧、單純可愛的那一面是吸引對方靠近的原因之一，但也常為了對方好而不自覺得嘮叨雜唸。但嘮叨和雜唸是邁向黃臉婆的必經之路，所以，請留意並且一定要控制住。

42/6 安全感十足的療癒者

耐性與韌性十足，凡事以大局為重，在意各項細節，不喜歡越權和沒有規矩的人，內心藏著不易被察覺的情緒，習慣與別人保持一定的距離，有時會讓人感到難以

> 親近，但又時又好像鄰居大哥大姐一樣和藹可親，你的存在是家庭中很重要的精神支柱，有你在就有十足的安全感，人際關係裡儘管不是存在感極強的人卻也是不能輕易被忽視的那個，不過因為你的忍功了得，所以容易因為隱忍某些事讓自己的心擔負太多壓力或不愉快的情緒，如果沒有適當地渲洩容易累積成為身體的病灶。

陽曆

有點固執，認為不讓步的底線就是不能讓步，這點無論在工作或是家庭上都一樣。例如：教小孩是非的觀念他們就覺得很重要，但功課的好壞卻是其次。他們有認為應該守住的核心價值，這個核心價值不會因為其它的原因改變。

在工作上 42/6 陽曆人是很負責任的人，他們會守住公司的利益並且在不侵害利益下讓步，再加上他們也是擅於溝通協調的人，所以不少事情透過他們出面都能獲得圓滿的結果。

他們有冷靜的頭腦，喜歡有策略的進行計畫，在工作中比較嚴厲。就像球隊教練一樣，要把大家操到不成人形，可是又會心疼大家有沒有熱水洗澡，或有沒有好好吃飯。他們認為規矩是規矩，關心是關心，但面對這樣的人反而很多人最後會感念他們的教導。

農曆

　　是個把家庭關係擺在很多事前面的人，無論再忙也要陪伴家人或是回家吃晚餐，就算真的都沒辦法做到，也會盡量在有空的時候協助家中大小雜事，因為他們認為努力工作就是為了維持家庭的生活。

　　談戀愛的時候再遠都會接送對方，因為只要做過一次，他們就會覺得那是付出關心的方式之一。喜歡逗對方笑，雖然他們說的笑話不一定好笑，可是這分努力挺值得讚美的。

　　無論生活還是工作他們都很在乎踏出去的每一步，喜歡穩紮穩打，有條不紊還有點輕微潔癖，看起來嚴厲不好親近，其實很暖心。

主命數⑥實例分享

阿翰在補習班工作，來找我聊的時候他正為換工作的事煩惱。其實，應該是說他爸媽希望他換工作，但他自己很喜歡目前的工作。阿翰在補習班是招生兼班導，雖然是正職但因為薪水不高，加上他又研究所畢業一段時間了，所以爸媽一直希望他換個薪水比較高的工作。

▶**阿翰的生日是** 1987/05/30
　陽曆：1987/05/30，相加後陽曆生命靈數是 33/6
　農曆：1987/05/04，相加後農曆生命靈數是 34/7

從阿翰陽曆的先天數裡可以看見，他是一個喜歡利用說話（3）銷售的人，而且可以經營不錯的人際關係（5），又對於學習（7）這件事很有興趣。而他的後天數加主命數的組合是 33/6，33/6 的人說話速度快而且腦袋也動得快，能夠透過說話把產品賣出去是他

們的天職。這也難怪他很喜歡這份工作,因為銷售的是課程,而且又能和不同的人聊天,順便推銷自己經營人脈。

而他農曆的生命靈數組合是 34/7,這組數字的人不喜歡照著傳統的方式做事,自成一格。主命數 7 又是智慧學習數,難怪阿翰來找我的時候說他其實有一票阿姨粉絲,肯定就是因為他銷售時除了專業外,還有不按牌理出牌、生動有趣的說話方式。

工作的辛酸快樂只有自己才知道,人難得能找到一份喜歡又能發揮的工作。對阿翰來說,重點在於如何說服爸媽,於是我當時分別幫他看了和父母間的關係,以及合適的溝通方式,據說回去後溝通有效,爸媽稍微能瞭解兒子鍾情這份工作的原因而暫時不再逼他換工作囉!

主命數 7

學者：智慧、愛學習、喜愛旅遊

你有沒有念書時遇過一種人明明就跟我們一起蹺課、一起打電動、一起交男女朋友，或是在上課時看起來都在打瞌睡或啃漫畫小說、下課也沒有特別留下來溫書，考試前還說他都沒什麼準備，結果考出來不是 90 就是 100 分？

有沒有遇過一種人在某項專業工作或是事物上跟大家一樣是白紙一張，卻能在同樣的時間內學習，還學得比任何人都快，甚至還能融會貫通甚至發展出其它的新技術？這些人的生命靈數裡大多都含有許多 7，或屬於數字 7 的人。他們學習能力強，有些人特別對歷史文化、文物、地域等特別有興趣。

在國外，7 代表幸運的意思，對照來看數字 7 的人也的確有不少的好運氣。這些好運氣或許不一定是在金錢上的好運，有些是在職場上總能遇到相挺的貴人，或是在家庭中就是很好命，什麼事都有人幫忙打點。當然，也有不少人是在金錢運上常有好運氣，無論中發票、樂透或是跟人打賭都能意外贏錢。

那麼這樣看來數字 7 的人好像是集萬千寵愛於一身嗎？其實，每一個數字都一定有正反不同的能量，像數字 7 的人就比其它人容易鑽牛角尖，遇到想不通的事情可能要困擾上好幾天，甚至好幾個星期。數字 7 的人一旦遇上解不開的事就很容易失眠，心情容易受到影響。而當心情一旦受到影響，人際關係、工作、家庭等自然就容易受到影響，這是一連串的反應。所以，數字 7 的人首先要做的是情緒上的放鬆以及放過自己，因為這看似小小的一件事卻能影響非常大。

在情感上數字 7 的人也比較沒有安全感，也會比較疑神疑鬼。格格曾經諮詢過一位數字 7 的個案，她就是屬於情感面比較沒安全感的人，一定要常常確定另一半在哪裡、跟誰在一起，或是動不動就要問愛不愛她。也因為這樣常和另一半爭執，一爭執不安全感又上來了，在這樣的循環下對方終於受不了跟她分手。雖然格格透過她其它的生命靈數為她找到一些解決不安全感的方式，但不安全感畢竟是種情緒問題，最終還是要靠她自我的重新建置和努力才能看見效果。

性格特性

- 求知欲旺盛
- 知識的傳遞及分享
- 容易疑神疑鬼
- 有些注意力不集中
- 有點鐵齒,除非自己親眼看過否則不好說服
- 情緒化
- 有科學家的實驗精神
- 對於古代歷史或是哲學研究頗有興趣
- 喜歡四處旅行
- 沒事喜歡想東想西的煩自己

感情態度

- 愛上了就會默默守護
- 以信任為基礎,但是這個基礎一旦被摧毀就無法再重建
- 我的就是你的
- 家庭的守護者
- 希望對方能夠跟自己一起增長見聞、一同成長

- 對另一半有時候要求很嚴苛（但自己可能做得到）
- 有點感情潔癖（連思想出軌都不太能接受）
- 喜歡隱藏些祕密
- 如果透過旅行發現這個人不合適就不會再交往
- 情人節、生日，任何節日都希望能和另一半一起過

主命數 ⑦ 各種組合

07/7、16/7、25/7、34/7、43/7

陽曆：看工作、思考邏輯、思想模式
農曆：看感情態度、行為模式、行動力／執行力

07/7 初生之犢的學者

白紙一張，儘管對於知識的獲得無法聚焦在某個專業上，不過透過生活中勤加學習以累積各式人生經驗，終能找到合適自己發展的方式甚至成為職人。

情緒控制也是需要學習的一環，容易鑽牛角尖的特質如果沒有適當的人開導容易因為壓力而使自己對某些事成癮或成為不擅社交的宅男宅女，還好的是你天生自帶部分樂觀氣質，就讓那樂觀的天性引領你走出某些低潮的時刻吧！

陽曆

他們是很自我要求的，尤其在工作上，別人或許覺得不需要太專業的工作，對他們來說還是一定要把相關的「專業」學

好,雖然他們不是屬於老學究型但也差不了太遠。07/7 陽曆的人有著強烈的學習欲望,所以如果一份工作讓他們做到最後,覺得沒有任何可以再進步的地方,他們很可能就這樣離開再去尋找下一個戰場了,有些知識癖的他們是無法忍受不精進這件事。

同時,他們比較容易被情緒左右,有時候想事情也會比較鑽牛角尖一點或是急躁,心情的高低起伏也比較容易震盪。有些人很容易被他人撩撥情緒,他們就是屬於這一派的,所以,學習如何淡定是件很重要的事喔!

農曆

對於古蹟、古玩挺有興趣的他們,如果出門旅遊比較會選擇去有些歷史文化的地方走走看看,倒不一定每次都是深度之旅,可是對於這些很有感覺的他們就是喜歡往那些地方走。

情感上是屬於比較沒有安全感的人,常會擔心自己不小心做了讓對方不開心的事,把自己搞得神經兮兮,談場戀愛跟打仗沒什麼差別,但其實……很多事情都是出於他們自己的不安全感造成,並不一定是對方的意思。

16/7　要求完美有點挑剔的學者

你的完美要求或挑剔並不是針對某個人或某件事，而是方方面面都有讓你覺得可以再更好的地方，這或許是出於你對自己能力的自信，你自認沒有什麼是學習不來的事，沒有不能解決的問題，純粹只有要做到多好而已，然而，因為又無法容忍不夠好，所以即使不擅長也會想法辦透過學習找到成功的方法，久而久之養成完美要求的習慣，你獨當一面對生活中細枝末節的事都能觀察入微，往往會領悟出別人無法體會的人生感受，也特別容易有感而發。

陽曆

他們很有想法，在工作上很嚴格或是要求很高。但其實他們的內心柔軟細膩，會觀察身邊人的一言一行，仔細斟酌該說的話。他們看來很具企圖心，事實上也是如此，因為對他們而言工作就是要升官，否則這麼努力做什麼？金錢的確重要但是和名譽比較起來，他們是比較愛出鋒頭、想要名的人。

不過 16/7 陽曆的人情緒太容易寫在臉上，這組數字的人有些在職場上會老在同一個錯誤中跌倒，原因不外乎就是他們太容易把情緒寫在臉上，掩飾的方式又有點拙劣。所幸，他們

還是會記得教訓的，痛個幾次後就會慢慢抓到竅門。不過，他們始終還是不習慣讓自己的喜怒不形於色。畢竟，內心的那個善良天使會時時跑出來說：「嘿！做人要真誠。」

農曆

　　獨立，不需要別人擔心，一個人也能把生活過好。不認識他們的人會覺得 16/7 農曆的人看起來很有距離感，但熟了以後會發現他們簡直是大媽性格，有點嘮叨喜歡碎唸。

　　有點小小感情潔癖，不能允許另一半有不乖巧，哪怕只是一個小誤會都可能在他們心裡留下一定的傷害。但這個世界上沒有完人，在這個部分他們可能需要自己稍加調適，倒不是說一定要原諒什麼，只是他們那完美情人的標準會害得自己在感情路上走得比別人辛苦，試著回到人間吧！他們必須明白只要是人就會犯錯或有些不完美，真的明白後感情路就會慢慢順遂了。

25/7 理解力強的學者

　　透過人與人之間的互動、合作學習自己不擅長的事，另一方面打開心之眼，洞察生活玄機，以理解包容的角度將自己懂得的事教給對方，理解力強，擅於做中學而

> 且能舉一反三，最不能適應的是死背、死讀、死記，這對你來說簡直是酷刑，對生活中很多事都充滿好奇心，喜歡探索和觀察，旅遊對你來說不是單純的玩樂而已，還可以順便充飽腦袋的電，讓自己煥然一新。

陽曆

　　基本上他們學習能力強，而且非常快速。不過，這組數字的人莫約可以分成二大類，一種是本身的知識水準就很高，也很有自己的想法，不需要別人太多指導；另外一種是沒那麼清楚自己的狀態，還需要再多加唸書學習的。但因為數字7是知識數，無論是哪一種類型，學習都是他們的功課，只是學成的時間早還是晚罷了。

　　在工作上他們也講究合作，願意和別人合作也知道要讓利或放利給對方尋求最大商機，他們命中時有貴人，在他們需要的時候拉他們一把。

農曆

　　無論什麼事，一開始他們都會比較需要別人一步步教導，按部就班循序前進。當他們的狀態成熟時就很清楚自己要做的是什麼，有些更厲害的是只要看別人做過，或是有範本學

習參考時,他們就能延伸出自己的一套方法,所以這組數字的人對於環境的適應能力算是不錯的。他們喜歡不停超越自我,即使任務艱鉅他們還是樂於接受挑戰。

在感情上,他們也是在兩個人的互動過程中學習相處之道,他們喜歡被呵護重視的感覺,但又不喜歡束縛住對方。他們的數字中帶有代表自在的 5,所以內心的他們渴望的另一半是不需要管對方太多,對方就會自己報備,有自制力。在感情裡他們大多採信任的態度,因為他們覺得感情不是緊緊的抓住才能屬於自己,自己想要什麼樣的對待方式,他們就會怎麼對待對方,算是很體貼又不會給太多壓力的情人。

34/7　低調帶點壓抑的學者

念書的時候班上總會有看起來都沒在讀但考試成績卻名列前茅的人,你就是屬於這類型,外人看你好像玩世不恭,但其實你都有計劃和規劃,對於未知的事抱持敬重的態度,性格低調又有點壓抑,和外在給人的印象或感覺完全背道而馳,不過,真正熟悉你的人應該能感覺到從你身上散發出來淡淡的憂愁感或書卷氣息,在熱鬧的場合裡會感到不那麼自在,可是仍然會強迫自己配合演出。

陽曆

　　他們喜歡在既有的規矩下挑戰不那麼守秩序的事，未來也會將這經驗轉化成自己的技能。

　　他們不喜歡被束縛，在工作中也希望做的是能夠全力伸展的工作，34/7 陽曆的人明白底線在哪裡，也知道要從哪裡找資源和支援。他們不害怕挑戰，喜歡一戰成名的感覺，懂得尊師重道，尤其尊重各領域中的前輩。

　　偶爾做做白日夢的他們，其實瞭解現實和夢想間的差距，但還是止不住實驗的心，因為他們有絕佳的實驗精神，勇往直前。

農曆

　　擅於溝通，外向、古靈精怪、聰明是他們給人的感覺，他們不喜歡一成不變，但身體裡卻又住著老靈魂，堅持許多事要用傳統的方式完成。靈巧有彈性的做事方式是他們的特點，不守舊、喜歡突破，必要的時候又懂得如何退到安全的水位。

　　在感情上他們看似很受歡迎，猶如花蝴蝶般懂得周旋在許多異性之間，但其實他們內心對感情的態度很傳統，他們不喜歡肢體莫名被觸碰，也不喜歡私人的領域被侵犯或是窺探，但如果是另一半就另當別論。前提是另一半要能獲得他們在感情

上的信任，這對 34/7 農曆的人來說非常重要。

43/7　創造與發明的學者

看似中規中矩，其實變化莫測，思緒觸角的無限延伸加上實做實學的精神，造就你喜歡挑戰創造與發想，因此會對已存在的事物提出質疑、辯證，再透過這樣的過程獲得所需的知識或能量，甚至不惜挑戰權威。

面對訊息量大的世界，你自有一套吸收的模式，雖不會隨波逐流但也不會強行抵抗，利用篩選達到目的，有時鑽研於某個領域時會廢寢忘食。

陽曆

做事中規中矩但內心波濤洶湧，他們看起來像有無形的界限，不容打破。但其實他們也很想試著在同樣的事情上用不同且有趣的方式做事。大多給人老實、按部就班、乖巧的外在印象，卻也喜歡在舊有的體制下衝撞或改變。格格認識一些非常有想法的老師，喜歡在既有的教育體制下為學生想很多不同的學習方式，這就很像 43/7 的人會做的事，他們當然最好是從事能夠教導學習的工作，例如老師、一般企業講師、顧問等。

農曆

悶騷型,看起來好像很乖巧老實,不太會去太刺激的場所,但實際上43/7農曆的人內心住著一個很容易雀躍的小孩,對很多事充滿好奇,對於感情存有幻想和期待。他們也希望另一半是能夠帶著他們進步的,他們無法接受一直原地踏步的關係。

另外,不熟的人會以為他們很不好相處。雖然表面上看不出來,可是他們對於比較陌生的人會有一些冷淡,但熟悉了以後會發現他們有點天兵有點三八,而且還很會說冷笑話。

主命數⑦實例分享

城哥屆齡退休,說是退休其實是正要開始人生事業的第二春。朋友找他合夥,他出技術,朋友出資金一起合開間公司,公司的訂單來源算穩定,但跟朋友一起工作總是擔心會影響友情。畢竟這年頭能談得來的老朋友真的不多,所以他想請我幫他看看有沒有要留意或小心的地方。

▶城哥的生日是 1958/01/10
　陽曆: 1958/01/10,相加後陽曆生命靈數是 25/7
　農曆: 1957/11/21,相加後農曆生命靈數是 27/9

其實城哥很瞭解自己,來諮詢也是想了解有沒有他自己忽略的地方。從他陽曆先天數的三個 1 來看,他是很有想法而且不會輕易被說服,同時很相信自己的直覺(9),在職場總是當領頭羊發表意見或是帶頭動手(8)。如果他當老闆肯定是會跟著下屬一起捲起袖子

跑業務（5）。再看他的後天數加上主命數的組合是25/7，這組數字是一組學習數字，他知道要投身一門行業必須要有一定的專業能力，不過有時會被懶惰的情緒左右又禁不起別人唸。若他現在要和朋友投身的事業有某些他不擅長的領域時，可能會因為專業分工而和朋友起爭執，這點倒是需要多留意的。

另外再看他的農曆生命靈數也是有四個1，乍看是一個非常有行動力的人，其實不然。他多會站在配合或是觀望的角度行事，沒有大家以為的那麼積極。另外，他的後天數加上主命數的組合是27/9，這組數字比較特別，是一組分期付款數，也就是他做事習慣是同時做很多件事，常會把自己搞得筋疲力竭，要多留意他身體的狀況。畢竟年紀將近60歲，體力不見得能夠負荷得了一次多工。由於他的習慣不是一次解決一個問題或是做一件事，而是同時開工，這樣的人

力物力等成本是否會增加?朋友是不是能理解他的做事方式?這些都建議在合作前就先溝通,才不會到時候讓彼此都不愉快。

主命數 8

富有者：金錢、重謀略、權力遊戲

格格有個朋友，對賺錢極度有興趣和天分，嗅覺非常靈敏，很會觀察到現在什麼行業可以賺錢，而他的生意頭腦也幫助他年紀輕輕就攢了第一桶金，再加上他很懂得讓利，不會一個人獨食，所以願意和他合作的人很多。他明白要賺大錢有時候就必須大方一點，這個人就是數字8。

數字8的人對於賺錢好像有種特別的能力和直覺，如果別人的雷達只有半徑300公尺，數字8的人應該有600公尺甚至更遠，這是一種天賦，誰也沒得羨慕。

數字8的人還有一項挑選禮物的能力。當他們要送禮時，都會先找機會觀察收禮的人有什麼特別喜好，或是打聽對方的嗜好興趣，在挑選禮物時常常能夠買到非常合適對方的禮物，讓收禮物的人感覺「這個人好用心喔」。他們並不僅於節日才送禮，有時候出國或是看見某樣東西覺得適合朋友就會買來送人。人際關係也因為這樣大躍進，可想而知，當別人有生意要

合作時一定就會找數字 8 的人,或者數字 8 的人有事想請託朋友幫忙,對方一定是義不容辭。所以啊,挑選禮物的眼光精準這件事也可以算是專屬他們的特異功能吧!

在感情上,數字 8 的人比較霸道、誇張且熱情。但和數字 1 的霸道不同的是,數字 1 的霸道是屬於宣告所有權,不准別人太靠近或是不喜歡別人太多注目;而數字 8 的人的霸道是華麗而公開的,愈是難挑戰的人他們愈想擁有,也不避諱別人注視的眼光。

成熟的數字 8 懂得如何利用自己的身分地位去成就一些社會公益。他們明白自己在擁有一切之後被賦予的責任,許多數字 8 的企業主對於下屬很大方,對社會公益的事也很熱心,就是這個原因。

性格特性

- 人脈經營強度破表
- 很會察顏觀色
- 具有天生老闆的氣度

- 會隱藏實力，觀望周遭情況後再決定出手時機
- 性格成熟內斂
- 投資理財有自己獨門的見解
- 送禮送到心坎裡
- 好勝心強
- 錢財是上天的給予，不能視為理所當然，否則容易失去
- 政治人物、商界名人
- 容易賺錢、不會為錢操煩
- 答應的事會想辦法做到

感情態度

- 願意陪另一半出門甚至招待對方的朋友家人，相當大方
- 喜歡不吵不鬧的另一半，但不是沒有脾氣，是懂得應對進退的道理。
- 有點霸道可能還有點難溝通
- 家庭為上的人
- 自己挺有心眼的，所以反倒不喜歡太有心機的另一半
- 有責任感，尤其另一半如果是跟著苦過來的，一定會被全力寵愛

- 會簽婚前協議書的人
- 豪門聯姻

主命數 ⑧ 各種組合

08/8、17/8、26/8、35/8、44/8

陽曆：看工作、思考邏輯、思想模式
農曆：看感情態度、行為模式、行動力／執行力

08/8　學習金錢價值，愈挫愈勇的富有者

學習金錢真正的價值以及賺取金錢的能力，不過度沉溺金錢遊戲，用正確的方式賺取自己人生的第一桶金，儘管可能會經歷重創與失敗，但你不服輸的性格會迫使你起身再戰，再戰過程儘管艱辛卻十分重要，善用你天生的優勢，為自己打造舞台，把失敗的經驗當成墊腳石，你那打從骨子裡的傲氣，會助你一臂之力。

陽曆

很有自己的想法，除非他們願意，否則沒人能夠影響他們。喜歡掌權，也很享受掌權時呼風喚雨的快感，叛逆不受拘束，討厭太教條式的事務，沒耐性也不太喜歡花時間傾聽別人說話。雖然看來比較自我，但很重義氣講道理的。古代有大俠

路見不平拔刀相助，他們就是這種人，比較仗義直言討厭看見弱勢被欺負，而且懂得察顏觀色，擅於謀略，思路清晰，分析事情很有條理。

08/8 陽曆的人金錢觀比較薄弱，或許是因為賺錢對他們來說一點都不難，所以一旦沒有留意可能賺多少就花了多少，比較存不住錢。

農曆

霸道的感情模式開始啟動，我的就是我的，你的還是我的，這個人是我的……這是在繞口令嗎？呵呵！當然不是，但是，這是 08/8 農曆的人在感情上的執著。8 這個數字和星座的獅子座很像，萬獸之王以他為尊，有很強的自尊心也有很強的占有慾。如果戀人的數字是 08/8，請學著享受他的霸道與溫柔，他們只是需要崇拜者目不轉睛的愛著他們。自己就是 08/8 的人，請記得這分占有慾有時候會讓人感到窒息，學著放手留點空間給彼此，這樣才能長久的走下去。

17/8 知識型富有者

冷靜思考，學識豐富，身為知識型富有者你懂得用腦袋裡的東西賺取身分地位，有別於汲汲營營的人，

> 你是優雅而從容的，腦袋裡的東西不夠就補強，不懂就學習，促使你孜孜不倦的原因之一還有對金錢的不安全感，許多知識型的專業職人就是你這組生命數字。

陽曆

他們有自己的想法，認為在工作上要能夠得到權力地位，就必須具備一定的專業能力。對自己要求很高，對工作非常負責。如果接到了一項不可能的任務，他們會在心裡咒罵千萬遍，但仍然會頂著面子、頂著責任咬牙完成，一份工作不僅要能讓他們感到被重用，或是有機會往上爬，更要讓他們有充實感。也就是要有能不停學習的環節，否則若只剩工作地位或是權利金錢，能驅使他們繼續待著的時間也不會太長久。

任何人都希望自己的想法被採納，對他們來說這件事也至關重要。因為對他們而言，意見是否被接受關乎於他們個人是否被喜愛，這樣的連結有時會辛苦到自己，所以，有時候他們感到委屈，也是他們自己加諸在自己身上的壓力喔！

農曆

不愛讓別人看見他們的軟弱，在人前總是開心快樂，一副沒什麼事也不太在乎的模樣。這樣的外在印象讓他們在感情中

很容易受傷,而愈是跌了跤就愈是裝堅強,如此的循環造成他們對感情的不安全感愈來愈重。有些 17/8 的朋友很早就看見了自己這樣的矛盾,選擇面對後感情世界忽然就彩色了起來。當然,格格不是說所有 17/8 的朋友感情狀態都很辛苦。不過,回頭想想,如果自己真的走過幾段辛苦的感情,是不是就如同我說的一樣,太想保護自己,結果顯現出來的卻是讓人覺得自己毫不在乎?

如果是,請調整一下,讓另一半看見他們像天使般體貼照顧人的心意。

另外,他們很喜歡教導別人,恨不得把自己會的全倒在別人身上。他們也是嚴厲的老師,在乎學以致用。

26/8 以合作共好為出發點的富有者

加強合作關係,站在對方的立場思考,你是懂得合作共好 1+1 才會大於 2 的富有者,並不強調個人主義,將資源串聯起來,截長補短的效益會大於一個人悶頭努力,而且你擅於擬訂計劃,思考周全且對周遭人事物觀察入微,是膽大心細的人。

陽曆

重視合作細節的他們，對於要一起工作的人相當挑剔。因為他們自己的責任感很重，也很在乎小地方，當然也會對要一起打拚的人挑剔。而 26/8 陽曆的人察顏觀色的能力很強，總很快的發現身邊人的情緒變化。但不得不說，他們常常是連對方的情緒都包了，因此，與他們有交情的人都會覺得他們是很好的朋友或工作夥伴，更別說他們的工作能力簡直就是完美。只是 26/8 陽曆的人給自己的壓力太大，不少 26/8 陽曆的人是靠大吃大喝在抒壓的，所以中年後容易出現發福的情形，身體也容易出問題，尤其在睡眠上容易多夢或失眠。

農曆

「溫柔的巨人」是我給 26/8 農曆的人在感情上的註解，雖然免不了有點大男人或大女人，可是他們的確也是細心體貼，而且會將另一半放在自己需求之前。假如晚餐他們想吃燒烤，但另一半說想吃涮涮鍋，就算他們再不喜歡也會盡量依著對方；他們會記得另一半說的話或不經意間提到的事情，然後在重要的時刻讓對方驚喜連連。儘管數字 8 的人在感情上就是霸道了些，或是占有慾強了點，但是，因為他們諸多的給予，讓這樣的霸道不小心就成了被擁有的幸福感。

至於在行動力上,他們會盡量給對方時間和空間,他們的溝通能力不錯也明白退一步海闊天空的道理。不過,千萬不要想著騎到他們頭上,一旦惹火他們,那數字 8 的火爆脾氣還是會顯現出來好好教訓對方一番,他們可不是好欺負的呢!

35/8 海納百川的富有者

對賺錢的事興致勃勃,興趣廣泛交友也廣泛,因此不乏來自四面八方的消息,你是認為小錢可以累積成大錢的人,不過出手也很大方,所以來去之間常常沒有留下太多,人生規劃中想做的事也很多,只要稍稍停下來身心都會放空,因此有時候你是強逼自己一直往前走,也因此才會像大海匯聚百川,成為名符其實的賺錢達人。

陽曆

想到什麼就做什麼,完全停不下來,恨不得自己有三頭六臂,一天有 48 小時。做一件事會把可能發生的事都預想一遍後才開始行動,比較我行我素,尤其當他認定一件事時,旁人根本說不動的。

不喜歡一成不變,對於有趣且新奇的事非常有興趣,喜歡挑戰不可能或別人沒辦法完成的事,對他們來說挑戰不是為

了貶低別人而是證明自己。不太理會別人對他們的想法，只想活得像自己。儘管外在的框架不少，也有些必須遵行的規則，但只要情況允許，他們會盡量讓自己做的事是符合自己內心希望。時間分配得宜的話，他們會讓自己身兼數職，甚至各個工作之間毫無關聯，因為賺錢在他們而言是天職。35/8 陽曆的人無法理解怎麼有人對賺錢沒有興趣？雖說不一定要過得多奢華，可是賺錢是一種能力，他們也非常喜歡擁有這個能力。

農曆

行動力方面，格格見過幾個數字 35/8 在農曆的朋友，只要是能賺錢的工作肯定都見得到他們的身影。其中有一位身兼網拍及代購二份兼職之外，正職還是名薪資頗高的專業攝影師，讓我不得不佩服他們的體力，和那種大錢小錢都要賺的決心。他們大多都不是缺錢，只是喜歡感受金錢從四面八方湧來的感覺。

感情上他們喜歡的對象沒有特定的模樣，重要的是要讓他們感到有趣，相處起來要開心，不能是很一板一眼的人。通常他們會特別注意個頭比較小，重視內在修養，讓他們有心領神會感覺的人。他們的情感功課在於要分辨喜歡和愛的不同，因為他們容易喜歡上一個人，特別是當對方擁有他們欣賞的特質

時。所以,如果沒辦法分辨喜歡和愛的不同,就容易變成感情大亂戰,被貼上腳踏多條船的標籤喔!

44/8 組織人群創業有成的富有者

你穩重不易受動搖,若要做一件事必定會有計劃且有邏輯地執行、腳踏實地、一心一意地創造機會,你無論身處家庭或職場都是穩重且值得信任的人,喜歡傳統的東西,習慣依循既有的模式,因此不輕易冒險,相對的,若能學習參考不一樣的方法,或許新舊之間產生的火花會讓你更成功。

陽曆

揚名立萬,成功成名,44/8 的人具有領袖和大老闆的特質。他們思想縝密顧全大局,同時不會只看眼前的利益,而是朝遠大的目標設定。凡事先思考再計畫最後執行,明白要成就一項豐功偉業絕對不止需要運氣,要有周詳的計畫和嚴格的執行才能達到目的。

相較於 35/8 的有創意及愛變化,他們就比較一個口令一個動作,變通性不是那麼強,而同樣主命數是 8 對於金錢的設定也全然不同。35/8 的人無論大錢小錢都想賺進口袋,對於

金錢的需求建立在「這是種能力証明」，所以只要能賺的錢都不想錯過。但 44/8 的人對於金錢有種責任和敬畏之心，他們認為金錢的來源不是証明自己有多行，而是要能讓愛的人過好的生活。他們敬重錢，所以每一毛都要取之有道。開公司的話該交的稅與租金都不能少，不因為想多一點利潤損及自己的原則，能不怕花成本，不怕別人賺的比自己多，成就才會愈高。

農曆

家庭的守護者，認為照顧家人是他們的天職，負責任穩重有規矩情感觀念也比較傳統。有些 44/8 的人會因為想結婚而相親，最後守著家庭一輩子，這本來就沒有什麼好與壞，只是每個人選擇婚姻的方式不同而已。

他們談戀愛和做事一樣喜歡按部就班，儘管有時候會讓人覺得很木頭或不解風情。但對他們來說，過好每一天比只會說甜言蜜語來得有意義。

情感關係是一磚一瓦堆砌起來的，一旦發生了違背信任的事，他們就很難接受再繼續走下去。所以他們對自身的要求很嚴苛，對另一半其實也是，而且愈是在乎他們管得愈多。不過，小心這樣容易有反效果，感情還是要雙方有共識，二個人才能長長久久，不是靠管理撐場面的喔！

主命數⑧實例分享

大永在外商公司工作,不僅努力認真還什麼事都攬在身上做。但是,最近的升遷名單裡並沒有他。大永很灰心,覺得自己做牛做馬那麼多年卻始終沒有得到應得的機會,於是便興起了想離開的念頭。

▶**大永的生日是 1973/06/27**
　陽曆： 1973/06/27,相加後陽曆生命靈數是 35/8
　農曆： 1973/05/27,相加後農曆生命靈數是 34/7

我先替他分析了原始生命靈數的輪廓,才讓他終於明白為什麼做事的都是他但是升遷卻沒有他的份。

他的陽曆先天數中有兩個 7,代表大永是一個非常重視專業知識的人,如果接下的工作裡有他不熟悉的內容,便會努力找資料。而他的後天數加上主命數的組合是 35/8,什麼事都攬在身上做,把自己搞得很忙

（3）。不懂得如何拒絕，所以只要別人拜託他就會答應（5）。而主命數8又認為既然已經是自己的工作，就要有無論如何都要完成的覺悟。同時先天數裡還有個對細節很在乎的數字6。所以，他總是能完成許多不可能的任務，不過時間倒不是最快的，有時候甚至會稍晚個一、兩天，但老闆都沒有責備他。不過仔細想想，大永會認為：「這本來是別人的工作，雖然我晚了一、兩天，卻還是完成了，還做得不錯，應該要得到獎勵吧？」可是站在老闆的立場，卻是看到了「遲到的工作報告」於是……想法上的差異已經立見。

來看大永的農曆生命靈數34/7，可以知道他是一個會碎碎唸，同時又喜歡把幫助別人這件事掛在嘴邊討拍的人，這也難怪囉！在這樣的情況下，不僅付出了勞力又不得人緣，還讓老闆覺得總是遲交工作，一旦要升遷時當然就不會把他考慮在裡面啦！

主命數 9

天選者：天命、有靈力、心想事成

　　他們是天生的夢想家！姑且不管這個夢想是否不切實際，他們就是會為了這個夢想一股傻勁的往前衝。因此數字 9 的人常給人一種過度天真單純，理想化的感覺，但實際上也因為他們的天真單純，過度的理想化而讓很多不可能的事成真。所以很多數字 9 的人會覺得別人說不會成功的事，一定是他們都沒有親自去做做看。還有另一個讓他們能不停做夢的原因就是，數字 9 的人擁有心想事成的能力。譬如一直想見某個人，忽然就在某天不期而遇，或是在某個場合忽然見了面；金錢剛好卡關時，心裡一直想著希望某個案件快點談成時，就能拿到分紅；一直想著需要的金錢時，就會出現工作或意外收入補足了缺口等等，這都是數字 9 的人容易經歷的事情。不過心想事成是不會分好壞的，所以數字 9 的人需要常備的技能是「正向思考」，尤其當心裡太多負能量時，正在進行的事就會被中斷腰斬，或出現了新的阻礙。一旦心中的負能量袪除並真心希望事情順利時，一切又會恢復正常，所以囉，請常備「正面能量」喔！

另外，數字 9 的人很愛交朋友，而且是天南地北類型五花八門的朋友。他們的交際應酬也很多，從某個角度來說，他們自己也喜歡這樣與人互動的生活，在他們的世界裡，「公關」這個行為是本能反應。因此，不少數字 9 的人在別人眼裡是公關好手，跟誰都能聊上幾句，和誰都能侃侃而談，這算是他們的原廠技能之一，是不是很讓人羨慕啊？但他們也是看心情聊天的，如果他們真的不想要或不喜歡某個人，就算對方對他們的事業有多大的幫助，或是多有錢能給多富足的生活，他們是連看都不會看一眼的。因為數字 9 的人有種貴族般的驕傲，他們不想做的事，別人是勉強不來的！

　　如果你身邊有數字 9 的人可能會發現他們真的是愛睡一族，有些人一次睡上十幾個小時都不用起床，而且並不會因為年紀的關係影響這個能力，功力實在了得！

性格特性

- 美夢成真、心想事成
- 單純、直接、小清新
- 愛交朋友，三教九流都有

- 容易沉溺在某個事件或是興趣、關係裡
- 想要的東西會很想立刻得到，一秒鐘都等不了
- 有召喚幸福的能力
- 在任何環境裡都能生存，適應力強
- 網路的高手或是很愛網購
- 有很多白日夢常常跑出來
- 放空

感情態度

- 不是不在乎錢只是更在乎情
- 只談空靈神交的感情？不！肉體的契合度實在重要
- 誰都不能批判，除非他自己先開口
- 時而黏膩，時而放風，抓不住他
- 容易一段時間沉溺於某種獨特的個性，忽然清醒發現其實自己也沒那麼愛對方
- 單身時絕對是公害
- 失戀時會放肆的生活，需要時間清醒

主命數 ⑨ 各種組合

09/9、18/9、27/9、36/9、45/9

陽曆：看工作、思考邏輯、思想模式
農曆：看感情態度、行為模式、行動力／執行力

09/9　新世代的天選者

因為沒有體驗過，天生的工具也不夠，但卻一開始就要學習控制自己所擁有的召喚力量甚至去體驗天差地別的世事，會讓你感到有點折磨或痛苦，但你是屬於純粹而原始的，不帶個人色彩，也不受其它事件的影響，透過生活、自身的體驗塑形，傳遞天地間唯一的真理。

陽曆

天真浪漫白日夢好髮型。覺得什麼事都不困難，但實際去做了之後就發現……天啊！怎麼現實跟想像的不一樣，之後沮喪的退回起點。其實，他們真的很單純，想事情自然容易朝簡單的方向思考，他們不攻於心計也不擅於處理太複雜的事。老實說，他們其實很聰明，只是懶得用腦袋。

願力強，由於多了一個0的關係，把數字9的一些特質強化了。原本數字9的人就是比較敏感些，而09/9的人又更敏感了。因此，當他們真心希望一件事情成真時，只要稍微用點力氣或專心點想，事情就容易朝他想要的方向進行。

　　在工作上他們喜歡自己，怎麼說呢？旁人愈是逼迫甚至恫嚇，他們愈是不想理。這行為是有點故意，可是因為09/9陽曆的人天生就是不受支配，所以囉！適合他們的工作最好彈性要夠大，或是延展性要夠強，否則，可是留不住他們的喲！

農曆

　　愛情對於09/9的人來說，就像花需要陽光一樣，是必須的養分。09/9的人在愛上一個人的時候，可以奮不顧身到人會害怕的地步；相對的，當他們不愛的時候也會冷淡到讓人無法招架。對他們而言，任何事都可以為了另一半改變，但愈是這樣，愈容易有怨懟。所以，他們需要學習的課題是先為自己活，再把心力放在另一半身上，而不是以對方的天為天，以對方的地為地。

　　他們很容易迷上一件事，一迷上就沒日沒夜。這和他們談戀愛也很有關係，一迷上一個人眼裡就只有對方。但當不再迷戀時，就算擦身而過，他們連看都不會看一眼。

09/9 的人有一種懶病，這種懶病叫做睡覺病。格格在前面單一數字的時候有提及數字 9 的人愛睡又能睡，09/9 的人完全發揚了這項技能，常常因為愛睡覺而誤了事。但得把這習慣調整過來，否則很有工作能力的他們若因此讓人覺得不能託付重任，豈不很可惜嗎？

18/9 認為凡事盡其在我的天選者

認為凡事有做才有得的你對於無法掌握的狀態是抱持半信半疑的態度，即便生活中時常有心想事成的事對你來說也就是巧合而已，但這其實無關緊要，因為當你將自己的力量發揮到極致並獲得某些成就的時候，也能推動其他人學習、模仿、甚至從你這裡得到力量去獲得他們自己的成功，這樣也就不辜負了天選者的能力。

陽曆

有想法、有主見。雖然 18/9 陽曆的人會聽取別人的意見，其實很多事在他們心裡已經有了打算。如果說的人不夠有分量或是讓他們還無法信任，那麼對方說的話也不過就是耳邊風。要讓他們聽得進去，這個人必須在他們心裡有所分量，或有值得信賴的專業。

工作上,他們很有責任感,就算上司不說也會把事情做好做滿。不過有一點要注意,他們不喜歡別人拿官階壓人。所以無論是小職員還是高階主管,要他們做事或和他們溝通必須是講究情和理,若拿官位來壓人他們可不會買單。

　　另外,雖然他們看起來好像雲淡風輕,不在乎是不是一定要掌權得利,但其實他們內心是想要的。他們需要被重視的感覺,而給予一定的職位或分紅,就是他們感到被重視的環節。當有機會時,建議他們還是要向上爭取,別再一副名利與我如浮雲的樣子,因為那樣就真的會變成浮雲了啊!

農曆

　　有點自負自戀,自尊心強但心很柔軟。他們就是屬於那種追求對方還要表示「如果你不接受是你損失」的人,何必呢?明明就是柔軟溫和,需要人關心需要很多愛,但就是拉不下那張臉。即使兩個人吵架也是用冷戰來處理,明明背地裡難過得要命偏偏就是不肯低頭,讓人在旁邊看了都著急,所以格格說這些 18/9 農曆的人哪⋯⋯想想幸福就是這樣溜走的呢!

　　但也因為他們內心的堅強,讓他們能夠挺過一次次的風雨,讓他們能夠化解許多難熬的情緒。但這也很讓人心疼,他們需要的是瞭解他們的人,可以了解爭吵時只要他們開口說話

就等於在道歉,明白他們只是嘴硬心軟,知道他們其實內心的確有王子公主住在裡面,卻還是可以和對方一起啃麵包喝白水過日子。他們還是會幸福的,只要面子別掛得那麼緊就行了。

27/9 專注自我內在提昇的天選者

專注自己的生活與工作,重視自我內在提昇,對於別人提出的要求往往會盡力完成,有時候不是你的事最後也都變成你的事,所以,生活是忙碌的,長久下來內心也累積不少壓力,但其實,你是可以掌握並且改變這一切,善用你理智的心,學會面對自己的需求不再當爛好人,也不要用忙碌堆砌你的生活。

陽曆

他們有種特質,可以一次做很多件事,且每件事都有自己的進度不會紊亂。要說他們很善用時間嗎?好像也不是,那是一種分期付款的概念,把每件事都拆開分別放在不同的時間軸上,然後慢慢完成它。簡單講 27/9 陽曆的人就是能夠三頭六臂的同時做許多事,真是令人佩服。

他們很在意個人的進修和成長,不僅負責還會同時給予團隊適當的支持,是屬於默默完成任務的人。但這不代表他們不

想被看到,其實讓他們最開心的不一定是升官加薪,而是一起工作的夥伴或是他們在乎的人給予他們口頭上的鼓勵和認同,那會讓他們開心好久,甚至比加薪還要來得令人興奮。

農曆

在感情裡有點不安全感,需要對方不停表達心意,感到不安時就會一直想問對方「你愛我嗎?」、「有想我嗎?」等問題。他們另一半要瞭解,當他們問出這些問題時,就表示在他們對這段感情比較沒有安全感。這樣的不安全感可能來自於過去不成功的經驗,嚴重些的甚至影響再談戀愛的意願,別讓自己一直被困著,找人說說話分享心事,感情中本來就沒什麼絕對的對與錯。他們是屬於會把情人寵壞的人,但誰在戀愛時不是這樣呢?只是寵的程度不同而已吧!

36/9　樂天知命的天選者

用一絲不苟的態度實現天馬行空的想像,樂天知命且擁有諸多好運的你是不是從以前就認為天下無難事?那是因為你知道自己的能力夠高,雖然別人看你好像每天沒有壓力過的快樂無比,但其實在鞭策自己這件事上你從來沒有少過,你召喚的天份就是最好的武器再加上學習速度

快、陌生的事三兩下就能上手,只要別被成功後的發懶給拖累,生活前進的速度由你決定。

陽曆

　　如果給 36/9 陽曆的人一張畫布,他們所畫出來的畫肯定是豐富又彩色的,這就是 36/9 的人,繽紛又有夢。

　　他們永遠對於新的事物充滿好奇心,不怕挑戰甚至有點病態的熱愛挑戰。他們擅於溝通以及說服別人,總是能說出一番大道理讓人哭笑不得,但又心悅誠服。他們是有趣的朋友或聰明的工作夥伴,但也因為這樣常常招來背後箭。只是,這箭通常傷的不是他們的身,而是傷到他們的心。對人很真誠的他們實在不是心機攻防戰的合適人選,但常在他們背後射箭的又是他們信任的對象,這也讓他們看透人是真的會為了名利而不顧一切。

　　他們交際手腕好,風趣幽默又討人喜歡,面對權貴時的態度不卑不亢,也不會特別討好卻又懂得進退,唯獨在比較急躁的時候會給人些許壓迫感,但也還算是 EQ 高的人。工作上只要給他們發揮的空間並且充分授權,即使有高壓他們也會覺得很快樂。

農曆

處處為另一半著想的好情人，不過心情常受到睡眠不足的影響。如果你的另一半是 36/9 的人，又常常會睡不飽或睡不好，那麼我只能說……辛苦了！

36/9 的人開關很簡單，他們雖然有點任性或是孩子氣，但還算講道理。所以相處上不要讓他們覺得對方是在無理取鬧，否則他們都不是太在意。

至於有些人會覺得 36/9 的情人好似很難捉摸，其實……是也不是！他們的確常常說風就是雨，喜好變化快，這一刻想吃乾麵，下一秒就想改吃漢堡，但那也只是隨著他們當下的心情變化而已，只要夠瞭解他們，就知道這樣的孩子個性哄哄就沒事了。

36/9 的人心思是很細膩的，所以別讓他們覺得你說的話表裡不一。他們不是隨時要掌控對方行為的情人，他們認為信任是維繫關係很重要的條件之一，但是一旦信任被摧毀了，要再重建可不是件容易的事喔！

45/9 和自己對話的天選者

你重視規矩守紀律，自我要求很高，喜歡和自己對話，有自己一套生存法則，喜歡與世無爭的環境，最不會

> 處理的就是人與人之間的問題,一部分原因是你不愛麻煩,再來是不喜歡面對這種情況,所以往往選擇轉身走開不參與,生活偏向隨喜自在。

陽曆

對於該堅守的事不隨便打折,很有原則但也能隨時變化。

工作上不輕易妥協,一旦接下了任務就會想盡辦法完成,無論過程多辛苦都往自己肚子裡吞,擅於資源分配和調動,凡事計畫後會在腦袋裡先想一遍才開始行動。

他們很會觀察人,像有雙鷹眼般能觀察到對方很細微的事,而他們在乎的是對方的價值觀,如果價值觀不合,就算對方再有能力他們也不會有太深入的往來。

合適的工作有人力資源或是策略規劃、企業併購等。

農曆

想要穩定的感情可是又怕被束縛,所以 45/9 農曆的另一半要懂得適時的給他們一些私人的空間,讓他們保有自己的生活,即使結了婚最好也能保留各自的交友圈或是獨立的生活空間。

他們有時會過度壓抑自己,這點不止是在感情上,在做人

處事上也是。他們不常說出心裡的話，往往話到嘴邊卻又吞了回去，因此容易讓別人感覺他們不好親近。其實他們是不想麻煩別人，或是讓別人覺得好像要特別照顧他們而已。不過，這樣太辛苦了，還是試著把話說出來吧！試著不給自己那麼大的壓力，況且在感情中，有話不說到最後常常會累積到某個點一次爆發，這樣反而影響兩個人的關係，不是很得不償失嗎？

主命數⑨實例分享

喬小姐是一家廣告公司的負責人,公司開了二十幾年,一直很穩定。最近,有人來找她合夥做醫美有關的事業,對她而言就算不再另闢新局,也能過得很快意自在。但來找她合作的人是位好朋友,領域又是她挺有興趣的醫美,所以她特別來諮詢能不能合夥做這個新事業。

▶**喬小姐的生日是 1967/05/26**
陽曆:1967/05/26,相加後陽曆生命靈數是 36/9
農曆:1967/04/18,相加後農曆生命靈數是 36/9

呵呵～果然喬小姐就是格格常說的小懶蟲一族啊!無論陽農曆的生命靈數都是同樣一組,等一下解盤時會很有趣喲!

喬小姐本身就對美的事物很有鑑賞力,這一點從她陽

曆的先天數裡的兩個 6 就能看出來，她會把自己打扮乾淨合宜又美麗，但倒不一定是全身名牌，只要用一、二樣精緻的配件點綴自己就會很顯眼。這部分從她來找我的那天穿著打扮就能看出，雖然不是走貴氣逼人的路線，但裝扮非常合適她而且仍舊是貴婦等級。

她先天數中的陽曆的 5 夾帶超強業務能力及人際關係的拓展，農曆先天數中的 4 又有組織、規模、按部就班的意思，可見得她是個凡事會親力親為而且要求一切要能因時制宜的老闆。

那這樣的喬小姐到底合不合適夥新的醫美事業呢？在她陽曆和農曆的後天數加主命數的組合 36/9 中我們可以看到，她自己對於美這件事本就很挑剔，而且很會分享，心思又細膩的人，這個帶點夢幻特質的主命數組合的確很合適醫美這個美麗的行業，但僅限於

出資不要參與經營,她只要出資然後自己當活廣告,就能吸引一大堆貴婦來買療程。

事後得知喬小姐果真和朋友合夥,她聽我的建議不要參與經營,用心使用療程然後努力分享,果然不少朋友帶著朋友來買療程,不過她自己也說,醫美畢竟還是有些侵入性的療程,所以她也真的會自己親身試過才分享。

主命數 **0** 的意涵

　　數字 0 有原點、起點、圓滿的意思，同時也是加重先天或主命數中性格的部分。在 19××年生的朋友受到 0 的影響相對較小，0 這個數字就對 2000 年後出生的人影響較大。因此，19××和 2000 後的人生劇本非常不一樣，仔細想想，你身邊是不是有不少 2000 後的孩子對於 3C 產品都很容易上手，甚至也比較早熟呢？這就是他們的特質。

　　在生命靈數的計算中不能忽略 0 的存在，這個象徵著一切都有新局面的數字在我們的生命中一直默默的扮演著不可或缺的角色，或者加重某個數字效果。這一點在前面的數字中雖然沒有特別的提及，但當我們面對單一個案時，0 這個數字的確是具有某種程度的意義喲！

Part 3

性格速診與合盤

這一篇的內容屬於應用篇，讓學會生命靈數入門課的你們，可以運用在生活上。第一部分是啟動掃描雷達「性格速診」，我們在生活上會遇到形形色色的人，有時候勢必要合作共事，但如果彼此還很陌生的話，用這個快速判斷法就可以知己知彼！

　　第二部分是「誰跟我最合拍」，以各主命數出發，列出合盤與不合盤的對應主命數字，讓你可以找到自己的貴人、搭檔、伴侶，也可以了解彼此的先天摩擦原因，降低衝突，關係能更圓滿順利！

性格速診

告訴大家一個只要會算主命數就能在五秒內判斷對方個性的方法，可以快速的使用在職場、人際關係、商業開發，初階識別用。

我們一般對男人個性的直觀想法大多是陽剛、直接、俐落、有力、粗心、向前衝不計後果……等，對女人個性的直觀想法則是細膩、柔軟、內斂、心機、三心二意、柔弱、撒嬌……等，當然，如果你還有其它對男人、女人不同個性的看法都可以直接帶入。

這個方式就是只需要算出對方的「主命數」然後帶入對方性別的個性就可以的

超簡單識人術，一起來玩看看。

Step1：先以對方的性別判斷，如果是女性，就是女人皮，如果是男性就是男人皮，陽曆和農曆一樣。

Step2：算出對方陽曆及農曆的主命數

Step3：主命數是單數➩代入男人個性（男人骨）
主命數是雙數➩代入女人個性（女人骨）

舉例：
小安是男性，陽曆出生年月日：19970522，農曆出生年月日：19970416

小安陽曆的主命數：
1+9+9+7+0+5+2+2=35，3+5=8 ➩主命數 8

小安農曆的主命數：
1+9+9+7+0+4+1+6=37，3+7=10，1+0=1 ➩主命數 1

小安是男性，因此陽曆與農曆都是男人皮，而他的主命數陽曆是 8（雙數），農曆是 1（單數），所以：
小安陽曆是男人皮，女人骨，農曆是男人皮，男人骨。
從掌管思考邏輯、想法的陽曆來看，小安是男人皮女人骨所以雖然小安是男人但思維像女性一樣細膩周到，而且由於屬於女人骨，所以較一般男性更容易患得患失，在遇到重要而無法抉擇的時刻容易三心二意。

再從掌管感情與行動的農曆來看，小安是男人皮男人骨。
行動快狠準，而且做事講究速度和效率，一是一、二是二，沒太多討論的空間和餘地，由於內外都是男人特質，因此也容易犯粗心、說話做事太過直接不修飾的毛病，而因此不小心得罪人。

➡所以假如你正要跟小安談事情就能清楚知道他是一個不容易當下就做決定的人，因此你可能需要協助他下決定，當然，他也有可能會在衝動的下了決定後再反悔。

誰跟我最合拍

主命數 1	
超級合	不太合
主命數 3：性格不同但意外合拍，有互補作用，照顧對方。 **主命數** 9：現世與前世累積的緣份，猶如手足般的情感。	**主命數** 7：都想做主，有點喬不定誰該聽誰的多一點。 **主命數** 4：見面爭吵，分開想念，合不來又分不開的冤家組合。

主命數 2	
超級合	不太合
主命數 2：對等的給予，充滿安定與信任感。 **主命數** 8：細膩溫和與豪爽霸氣的互補組合。	**主命數** 5：處於矇著一層面紗的關係，難以捉摸。 **主命數** 3：覺得對方有點不夠認真或者太過天真，性格反差過大的組合。

主命數 3	
超級合	不太合
主命數 1：包容性強，任性與撒潑都能被包容。 **主命數** 7：即使看來相異，但細究之後發現很重要的地方都相同。	**主命數** 2：對於達成共識，困難重重，但不是不會成功，只是需要時間和一點空間。 **主命數** 4：個性的迴異讓彼此帶著防衛相處，説不出真心話。

主命數 4	
超級合	不太合
主命數 6：得到對方的理解和關心，安全感滿載。 **主命數** 9：因緣俱足的緣份，安穩又踏實。	**主命數** 3：不好掌控、不易理解。 **主命數** 1：各有堅持也各有立場，不要在同一個空間的相處模式會和平許多。

主命數 5	
超級合	不太合
主命數 8：給予不同的刺激和改變，激發潛能。 **主命數 5**：尊重彼此的不同，但心有靈犀，相處是發自內心的放鬆。	**主命數 2**：不拘小節的遇上在乎細節的，彼此都會有窒息感。 **主命數 3**：都希望對方聽自己的多一點，都想被尊重但又都很自我。

主命數 6	
超級合	不太合
主命數 4：感到信任與可以交付所託，是讓人感到安心的存在。 **主命數 6**：因為彼此瞭解，所以可以互相照顧和取暖。	**主命數 1**：各有立場與想法，溝通耗時，相處起來也比較有距離感。 **主命數 8**：想要的不一樣，而且會有被控制或放風的極端感受，需多磨合。

主命數 7	
超級合	不太合
主命數 3：可以一起幼稚，也可以同時成熟或者交錯，關係亦師亦友。 **主命數 5**：不一定是年紀大的照顧年紀（資歷）小的，有可能是反過來，而且對方還比自己成熟。	**主命數 7**：二個喜歡保有自己秘密或小世界的人碰在一起空間感會更大。 **主命數 9**：喜歡展現自己並趁勢掌控對方，會讓主命數 9 的人累的想逃。

主命數 8	
超級合	不太合
主命數 2：會興起一種『想保護對方』的衝動。 **主命數 4**：能獲得對方諸多行動上的支持，會感到被重視被在意。	**主命數 8**：『當我們衝在一起』因為沒有踩煞車的人，所以很容易失控。 **主命數 6**：會覺得對方干涉太多，顧慮太多，想做的事受到限制。

主命數 9	
超級合	不太合
主命數 1：浪漫與現實併存，成為彼此重要的那一半。 **主命數** 3：被單純、良善的特質吸引，彼此給予對方支持和照顧，相互依賴。	**主命數** 5：都是憑感覺生活的人，在內心裡有依賴或在意，表現出來的卻不是那麼一回事。 **主命數** 7：實是求事的精神，凡事都有長篇道理的習慣，主命數 9 的人不習慣。

2025 年度運勢

　　掃下面條碼，即可看到 2025 年度大運與各主命數的運勢。

AM005
讓人生更順利的生命靈數：農陽曆密碼 X 主命數合盤解析，任何人都能掌握自己的命運【全新增修版】

作　　者	紫衣格格
責任編輯	吳珮旻
封面設計	林政嘉
內頁排版	賴姵均
企　　劃	陳玟璇
版　　權	張莎凌

發 行 人	朱凱蕾
出　　版	英屬維京群島商高寶國際有限公司台灣分公司 Global Group Holdings, Ltd.
地　　址	台北市內湖區洲子街 88 號 3 樓
網　　址	gobooks.com.tw
電　　話	(02) 27992788
電　　郵	readers@gobooks.com.tw（讀者服務部）
傳　　真	出版部 (02) 27990909　行銷部 (02) 27993088
郵政劃撥	19394552
戶　　名	英屬維京群島商高寶國際有限公司台灣分公司
發　　行	英屬維京群島商高寶國際有限公司台灣分公司
法律顧問	永然聯合法律事務所
初版日期	2018 年 04 月
二版日期	2025 年 01 月

國家圖書館出版品預行編目（CIP）資料

讓人生更順利的生命靈數：農陽曆密碼 X 主命數合盤解析，任何人都能掌握自己的命運 / 紫衣格格著. -- 二版. -- 臺北市：英屬維京群島商高寶國際有限公司臺灣分公司, 2025.01
　面；　公分.--

ISBN 978-626-402-143-2(平裝)

1.CST: 占卜　2.CST: 數字

292.9　　　　　　　　　　113018651

凡本著作任何圖片、文字及其他內容，
未經本公司同意授權者，
均不得擅自重製、仿製或以其他方法加以侵害，
如一經查獲，必定追究到底，絕不寬貸。
版權所有　翻印必究